VIVENDO A COMUNICAÇÃO NÃO VIOLENTA

Marshall Rosenberg

VIVENDO A COMUNICAÇÃO NÃO VIOLENTA

Título original: *Living Nonviolent Communication: Practical Tools
to Connect and Communicate Skillfully in Every Situation*

Copyright © 2012 por Marshall B. Rosenberg
Copyright da tradução © 2018 por GMT Editores Ltda.

Esta tradução foi publicada mediante licença exclusiva da Sounds True, Inc.

Todos os direitos reservados. Nenhuma parte deste livro pode ser
utilizada ou reproduzida sob quaisquer meios existentes
sem autorização por escrito dos editores.

tradução: Beatriz Medina

preparo de originais: Raphani Margiotta

revisão: Flávia Midori, Luis Américo Costa e Rafaella Lemos

projeto gráfico e diagramação: Valéria Teixeira

capa: Rodrigo Rodrigues

imagem de capa: kentarcajuan/ iStock/ Getty Images

impressão e acabamento: Bartira Gráfica

CIP-BRASIL. CATALOGAÇÃO NA PUBLICAÇÃO
SINDICATO NACIONAL DOS EDITORES DE LIVROS, RJ

R724v	Rosenberg, Marshall
	Vivendo a comunicação não violenta/ Marshall Rosenberg; tradução de Beatriz Medina. Rio de Janeiro: Sextante, 2019.
	192 p.; 16 x 23 cm.
	Tradução de: Living nonviolent communication
	ISBN 978-85-431-0672-4
	1. Comunicação interpessoal. 2. Conflito interpessoal. 3. Administração de conflitos. I. Medina, Beatriz. II. Título.
19-57087	CDD 153.6
	CDU 316.47

Todos os direitos reservados, no Brasil, por
GMT Editores Ltda.
Rua Voluntários da Pátria, 45 – Gr. 1.404 – Botafogo
22270-000 – Rio de Janeiro – RJ
Tel.: (21) 2538-4100 – Fax: (21) 2286-9244
E-mail: atendimento@sextante.com.br
www.sextante.com.br

Sumário

Uma breve introdução à Comunicação Não Violenta   7

1 Podemos dar um jeito   12
   Como resolver conflitos de forma pacífica e eficaz

2 Amar você sendo eu mesmo   32
   Guia prático dos relacionamentos extraordinários

3 Superando a dor entre nós   79
   Cura e reconciliação sem concessões

4 O propósito surpreendente da raiva   112
   Para além do gerenciamento da raiva: como encontrar sua virtude

5 Criando filhos com compaixão   144
   Como educar seu filho de acordo com a Comunicação Não Violenta

6 Espiritualidade prática   164
   Reflexões sobre a base espiritual da Comunicação Não Violenta

Leituras recomendadas   187

Sobre o Center for Nonviolent Communication   188

Sobre o autor   190

Uma breve introdução à Comunicação Não Violenta

A Comunicação Não Violenta (CNV) é um poderoso modelo de comunicação, mas vai muito além disso. É um modo de ser, de pensar e de viver. Seu propósito é inspirar conexões sinceras entre as pessoas de maneira que as necessidades de todos sejam atendidas por meio da doação compassiva. Ela nos inspira a nos doarmos de coração. E também nos ajuda a nos conectarmos à nossa divindade interior e ao que existe de mais vivo dentro de nós.

Podemos dizer que a CNV é o idioma da compaixão, mas, na verdade, ela é uma linguagem da vida na qual a compaixão surge naturalmente. Este modelo nos ensina a expressar o que está vivo em nós e a enxergar o que está vivo nos outros. Quando compreendemos o que está vivo em nós, podemos descobrir o que fazer para enriquecer essa vida.

A Comunicação Não Violenta se desenvolveu a partir do meu interesse pessoal em duas questões. Primeiro, queria entender melhor o que há nos seres humanos que leva alguns de nós a nos comportarmos de forma violenta e abusiva. Depois, queria entender melhor que tipo de educação é útil às nossas tentativas de permanecermos compassivos – que acredito ser a nossa natureza – mesmo quando os outros se comportam de forma violenta ou exploradora. A teoria que prevaleceu por muitos séculos defendia que a violência e a exploração acontecem porque as pessoas são, em essência, más, egoístas ou violentas. Mas já vi gente que não é assim; já vi muita gente que gosta de contribuir para o bem-estar dos outros. Então me perguntei: *Por que algumas pessoas parecem gostar de ver o sofrimento dos outros, enquanto outras parecem ser justamente o contrário?*

Alguns sentimentos básicos comuns a todos nós.
Como me sinto quando...

Minhas necessidades são atendidas	Minhas necessidades não são atendidas
Maravilhado	Zangado
Confortável	Incomodado
Confiante	Preocupado
Ávido	Confuso
Cheio de energia	Decepcionado
Realizado	Desanimado
Seguro	Angustiado
Esperançoso	Envergonhado
Inspirado	Frustrado
Fascinado	Indefeso
Alegre	Desesperado
Comovido	Impaciente
Otimista	Irritado
Orgulhoso	Solitário
Aliviado	Nervoso
Estimulado	Sobrecarregado
Surpreso	Desconcertado
Grato	Relutante
Tocado	Triste
Confiante	Desconfortável

Em minha análise dessas duas questões, descobri que três fatores são muito importantes para entendermos por que, em situações similares, alguns de nós reagem com violência e outros reagem com compaixão:

- A linguagem que fomos ensinados a usar.
- Como nos ensinaram a pensar e a nos comunicarmos.
- As estratégias específicas que aprendemos para influenciar os outros e a nós mesmos.

Algumas necessidades básicas comuns a todos nós

Autonomia

Escolher os próprios sonhos, objetivos e valores

Escolher o próprio plano para realizar esses sonhos, objetivos e valores

Celebração

Celebrar a criação da vida e a realização dos sonhos

Celebrar a perda dos sonhos, de pessoas amadas, etc. (luto)

Integridade

Autenticidade
Criatividade

Significado
Amor-próprio

Interdependência

Aceitação
Apreciação
Proximidade
Comunidade
Consideração
Contribuir para o enriquecimento da vida (exercer o próprio poder ao oferecer o que contribui para a vida)
Segurança emocional
Empatia

Franqueza (a franqueza empoderadora que torna possível aprender com nossas limitações)
Amor
Tranquilização
Respeito
Apoio
Confiança
Compreensão
Afeto

Cuidados físicos

Ar
Alimento
Movimento e exercícios físicos
Proteção contra formas de vida ameaçadoras, como vírus, bactérias, insetos, animais predadores, etc.

Descanso
Expressão sexual
Abrigo
Toque
Água

Lazer

Diversão

Riso

Comunhão espiritual

Beleza
Harmonia
Inspiração

Ordem
Paz

Como esses três fatores têm um papel importante para determinar se reagimos diante das situações com compaixão ou violência, desenvolvi esse processo que chamo de Comunicação Não Violenta (CNV) integrando o tipo de linguagem, o tipo de pensamento e as formas de comunicação que influenciam nossa capacidade de contribuir voluntariamente para o bem-estar dos outros e de nós mesmos.

O processo da CNV mostra como expressar sem disfarces quem somos e o que está vivo dentro de nós – sem qualquer crítica ou análise externa que insinue que o que sentimos está errado. O processo se baseia na suposição de que qualquer coisa que os outros ouçam de nós que soe como uma análise ou crítica (ou que leve a um erro de interpretação por parte deles) nos impede de estabelecer a conexão que nos permite contribuir voluntariamente para o bem-estar uns dos outros. Essa abordagem da comunicação enfatiza que a motivação para agir é a compaixão – e não o medo, a culpa, a vergonha, a censura, a coerção ou a ameaça de punição. Em outras palavras, trata-se de conseguir o que queremos por meios que não nos deixem arrependidos depois. Parte do processo é dizer com clareza o que está vivo em nós – sem análise ou crítica e sem colocar a culpa no outro. Outra parte é dizer com clareza o que tornaria a vida melhor para nós, apresentando essa informação aos outros como um pedido, não como uma exigência.

A Comunicação Não Violenta se concentra em como as necessidades dos outros estão sendo atendidas e, caso não estejam, no que pode ser feito nesse sentido. (Veja os quadros "Alguns sentimentos básicos comuns a todos nós" e "Algumas necessidades básicas comuns a todos nós".) Por um lado, a CNV nos mostra como devemos nos expressar de modo a aumentar as chances de que os outros contribuam voluntariamente para o nosso bem-estar. E, por outro, nos mostra como receber a mensagem dos outros de maneira a aumentar as nossas chances de contribuir voluntariamente para o bem-estar deles.

Espero que o conteúdo deste livro o ajude a se comunicar com os outros através dessa linguagem da vida e lhe mostre como ouvir essa mesma qualidade de comunicação na mensagem deles, qualquer que seja o modo como falem.

As quatro partes do processo de Comunicação Não Violenta

Expressar com clareza como estou, sem censuras ou críticas	Receber com empatia a mensagem sobre como você está sem interpretar como censura ou crítica
1. OBSERVAÇÃO	
O que observo (vejo, ouço, lembro, imagino, livre de avaliações) que contribui ou não para meu bem-estar: *"Quando vejo/ ouço..."*	O que você observa (vê, ouve, lembra, imagina, livre de avaliações) que contribui ou não para seu bem-estar: *"Quando você vê/ ouve..."* (Às vezes sem palavras, quando estamos oferecendo empatia.)
2. SENTIMENTOS	
Como me sinto (emoção ou sensação, e não pensamento) em relação ao que observo: *"Sinto..."*	Como você se sente (emoção ou sensação, e não pensamento) em relação ao que observa: *"Você sente..."*
3. NECESSIDADES	
O que preciso ou valorizo (e não uma preferência ou ação específica) e que é a causa dos meus sentimentos: *"porque necessito/ valorizo..."*	O que você precisa ou valoriza (e não uma preferência ou ação específica) e que é a causa dos seus sentimentos: *"porque você necessita/ valoriza..."*
Pedir com clareza aquilo que enriqueceria minha vida, sem exigências	Receber com empatia a mensagem sobre o que enriqueceria sua vida, sem interpretar como uma exigência
4. PEDIDOS	
As ações concretas que eu gostaria que fossem tomadas: *"Você estaria disposto a...?"*	As ações concretas que você gostaria que fossem tomadas: *"Você gostaria...?"* (Às vezes sem palavras, quando estamos oferecendo empatia.)

1

Podemos dar um jeito

Como resolver conflitos de forma pacífica e eficaz

Durante mais de 40 anos, mediei conflitos entre pais e filhos, maridos e esposas, chefes e funcionários, palestinos e israelenses, sérvios e croatas e entre grupos rivais em Serra Leoa, na Nigéria, no Burundi, no Sri Lanka e em Ruanda. O que aprendi lidando com conflitos em todos esses níveis foi que é possível resolvê-los de maneira pacífica e com a satisfação de todos. Quando se estabelece certa qualidade de conexão humana entre as partes envolvidas, a probabilidade de resolver disputas de maneira gratificante aumenta muito.

Desenvolvi então o processo que chamei de Comunicação Não Violenta (CNV), que consiste em habilidades de pensamento e comunicação que nos permitem nos conectar de forma compassiva com os outros e com nós mesmos. Hoje, fico extremamente satisfeito com as diversas formas de uso que as pessoas dão à CNV em sua vida pessoal, no ambiente de trabalho e em atividades políticas.

Nas páginas a seguir vou descrever como o processo da Comunicação Não Violenta fundamenta nossos esforços para resolver conflitos de forma pacífica. E ele pode ser usado quando estamos diretamente envolvidos ou quando estamos mediando conflitos dos outros.

Quando sou chamado para solucionar conflitos, começo guiando os participantes de modo a estabelecerem entre si uma qualidade de conexão atenciosa e respeitosa. Só então é que os envolvo na procura por estratégias para resolver o confronto. Nesse momento, não buscamos que sejam feitas *concessões*; nosso objetivo é resolver o desentendimento de modo a obter a completa satisfação de todos. Para colocar esse processo de resolução de conflitos em prática, temos que abandonar totalmente a meta de *levar os outros a fazerem o que queremos*. Em vez disso, nos concentramos em criar condições para que *a necessidade de todos seja atendida*.

Para esclarecer melhor a diferença de foco (entre obter o que queremos e obter o que todos querem), imagine que alguém esteja se comportando de um modo que não atende a uma necessidade nossa e pedimos que essa pessoa aja de maneira diferente. Em minha experiência, aprendi que essa pessoa resistirá ao que pedimos se considerar que estamos interessados apenas em atender às nossas próprias necessidades e não acreditar que estamos igualmente preocupados em atender às necessidades *dela*. A cooperação genuína nasce no momento em que os participantes passam a confiar que suas necessidades e valores serão respeitosamente levados em conta. O processo de Comunicação Não Violenta se baseia em práticas respeitosas que promovem a cooperação genuína.

A COMUNICAÇÃO NÃO VIOLENTA NA RESOLUÇÃO DE CONFLITOS

As práticas de Comunicação Não Violenta que servem de base para a solução de conflitos envolvem:

1. expressar nossas necessidades;
2. enxergar as necessidades dos outros, independentemente do modo como se expressam;
3. verificar se as necessidades foram compreendidas com exatidão;
4. oferecer a empatia de que as pessoas precisam para ouvir as necessidades dos outros; e
5. traduzir as soluções ou estratégias propostas para uma linguagem de ação positiva.

Definir e expressar necessidades (necessidades não são estratégias)
Pela minha experiência, os conflitos tendem a uma solução mutuamente satisfatória quando mantemos o foco nas necessidades. Ao fazer isso,

expressamos nossas próprias necessidades, entendemos com clareza as do outro e evitamos usar uma linguagem que envolva a insinuação de que o outro lado está errado. Na página 9, você pode ver uma lista das necessidades humanas básicas comuns a todos nós.

Infelizmente, descobri que pouquíssimas pessoas são ensinadas a expressar as próprias necessidades. Em vez disso, somos ensinados a criticar, insultar e nos comunicarmos de um modo que nos distancia uns dos outros. Em consequência, não conseguimos encontrar soluções para os conflitos. Em vez de ambos os lados expressarem as próprias necessidades e compreenderem as da outra parte, todos entram numa disputa para ver quem está certo. E é bem provável que isso termine causando várias formas de violência verbal, psicológica ou física – e não a solução pacífica das diferenças.

Como são um componente importantíssimo dessa abordagem da resolução de conflitos, gostaria de esclarecer a que me refiro quando falo em *necessidades*. No modo como uso o termo, elas podem ser consideradas recursos exigidos pela vida para que esta possa se sustentar. Por exemplo, nosso bem-estar físico depende da satisfação da necessidade de ar, água, descanso e alimento. Nosso bem-estar psicológico e espiritual aumenta quando nossa necessidade de compreensão, apoio, franqueza e significado é atendida.

De acordo com essa definição, seja qual for nosso gênero, nível de instrução, crença religiosa ou nacionalidade, todos os seres humanos têm as mesmas necessidades. O que distingue as pessoas são as estratégias usadas para atendê-las. Descobri que separar uma coisa da outra facilita a solução de conflitos.

Uma diretriz para separar as necessidades das estratégias é ter em mente que as primeiras não fazem referência à realização de ações específicas por pessoas específicas. Por sua vez, estratégias eficazes – mais comumente chamadas de vontades, pedidos, desejos e "soluções" – referem-se, *sim*, a ações específicas realizadas por pessoas específicas. Uma conversa entre marido e mulher que tinham praticamente desistido do casamento pode esclarecer essa diferença importante.

Perguntei ao marido quais necessidades dele não estavam sendo atendidas no casamento. Ele respondeu: "Preciso sair desse relacionamento." Como se referia a uma pessoa específica (ele), realizando uma ação específica (sair do casamento), o marido não estava expressando uma necessidade do modo como a defino. Em vez disso, ele descrevia a estratégia que pensava em usar. Apontei esse fato e sugeri que deixássemos para falar sobre estratégias apenas depois de já termos realmente esclarecido as necessidades dele e da esposa. Quando conseguiram fazer isso, os dois viram quais outras estratégias – que não o fim do relacionamento – seriam capazes de atendê-las. E fico contente em dizer que, nos dois anos decorridos desde então, eles desenvolveram uma relação muito satisfatória para ambos.

Muita gente acha difícil expressar as próprias necessidades. Essa falta de "alfabetização" sobre o assunto cria problemas quando buscamos resolver conflitos. Por exemplo, já trabalhei com um casal cujas tentativas de resolver as desavenças acabaram em violência física.

Eu estava dando um treinamento na empresa onde o marido trabalhava e, quando terminamos, ele me perguntou se poderíamos conversar em particular. Chorando, explicou sua situação conjugal e perguntou se eu estaria disposto a ajudá-los a resolver alguns conflitos. A esposa concordou. Naquela mesma noite me encontrei com eles.

Comecei dizendo: "Sei que vocês dois estão sofrendo. Sugiro que, a princípio, cada um de vocês expresse quais necessidades não estão sendo atendidas no relacionamento. Depois de compreenderem as necessidades um do outro, estou confiante de que conseguiremos examinar algumas estratégias para atendê-las." Meu pedido exigia que eles tivessem a capacidade de entender as necessidades do outro e soubessem expressar as próprias.

Infelizmente, eles não conseguiram fazer o que sugeri. Não tinham sido ensinados a fazer isso. O marido disse:

– Seu problema é que você é totalmente insensível às minhas necessidades.

Na mesma hora, a esposa respondeu:

– É bem típico de você dizer coisas injustas como essa.

Em outra ocasião, eu estava trabalhando numa empresa que vinha passando por um conflito muito complicado que já durava mais de 15 meses e criava problemas no moral e na produtividade dos funcionários. Dois grupos do mesmo departamento estavam se desentendendo por discordarem sobre qual software deveriam usar. Havia fortes emoções envolvidas. Um dos grupos trabalhara muito para desenvolver o software em uso e queria mantê-lo. O outro era inflexível e queria usar um novo.

Quando me reuni com o departamento, fiz a mesma proposta que fizera ao casal. Pedi a ambos os lados que me dissessem quais necessidades deles seriam atendidas pelo software que defendiam. Como na situação do casal, eles não conseguiram se expressar. Em vez disso, cada lado respondeu com uma análise intelectual que a outra parte recebeu como crítica.

Um integrante de um dos grupos disse:

– Acho que, se continuarmos a ser excessivamente conservadores, ficaremos sem trabalho no futuro, porque, para sermos progressistas, precisamos correr alguns riscos e ter a ousadia de mostrar que estamos além de um jeito antiquado de fazer as coisas.

Um membro do outro lado respondeu:

– Mas acho que agarrar impulsivamente qualquer novidade que aparece não é bom para nós.

Eles me contaram que repetiam essas mesmas análises havia meses e não chegavam a lugar nenhum. Na verdade, estavam apenas criando muita tensão entre si.

Assim como o casal, eles não sabiam expressar as próprias necessidades de forma direta. Em vez disso, faziam análises que eram interpretadas pelo outro lado como críticas. É desse jeito que começam as guerras. Quando não somos capazes de dizer com clareza o que precisamos e só sabemos fazer análises sobre os outros que soam como críticas, acabamos em guerra – sejam elas verbais, psicológicas ou físicas.

Enxergar as necessidades dos outros (não importa como se expressem)

A abordagem à resolução de conflitos que estou descrevendo exige que, além de aprendermos a expressar nossas necessidades, também ajudemos os outros a esclarecer as deles. Podemos nos treinar para enxergar a expressão de necessidades a partir do que os outros falam, não importa como se exprimam.

Aprendi a fazer isso porque acredito que toda mensagem, seja qual for sua forma ou seu conteúdo, é a expressão de uma necessidade. Se aceitarmos essa suposição, podemos nos treinar para perceber qual necessidade pode estar na raiz de qualquer mensagem específica. Portanto, quando faço uma pergunta sobre o que alguém acabou de dizer e essa pessoa responde "Que pergunta idiota", escolho descobrir que necessidade ela expressou por meio dessa avaliação específica sobre mim. Por exemplo, posso supor que sua necessidade de compreensão não foi atendida quando fiz aquela pergunta. Ou, se peço a alguém que converse comigo sobre alguma tensão no nosso relacionamento e a resposta é "Não quero falar sobre isso", posso perceber a necessidade da pessoa de se proteger contra algo que imagina que possa acontecer se nos comunicarmos.

Essa capacidade de enxergar o que os outros precisam é fundamental para a mediação de conflitos. Podemos ajudar descobrindo o que ambos os lados necessitam e transformando isso em palavras. Em seguida, ajudamos cada lado a ouvir as necessidades do outro. Isso cria uma qualidade de conexão que leva o conflito a uma resolução bem-sucedida.

Deixe-me dar um exemplo do que quero dizer. Costumo trabalhar com grupos de casais. Nessas reuniões, identifico o casal com o conflito mais antigo e faço ao grupo inteiro uma previsão bastante surpreendente. Prevejo que seremos capazes de resolver esse conflito em 20 minutos a partir do momento em que ambos os lados conseguirem me dizer o que o outro necessita.

Quando fiz isso num grupo, identificamos um casal que estava junto havia 39 anos. Eles tinham um conflito com relação a dinheiro. Com seis meses de casados, a esposa passou dois cheques sem fundos. O marido assumiu o controle das finanças e não a deixou preencher mais nenhum cheque desde então. Eles discutiam sobre isso havia quase 40 anos.

Ao ouvir minha previsão, a esposa disse:

– Marshall, vou lhe dizer uma coisa: isso não vai acontecer. Quer dizer, temos um bom casamento, nos comunicamos muito bem, mas simplesmente temos necessidades diferentes no que se refere a dinheiro. Não vejo como resolver isso em 20 minutos.

– Previ que a solução aconteceria em 20 minutos depois que vocês dois me dissessem o que o outro necessita – falei, corrigindo-a.

– Mas, Marshall, nós nos comunicamos muito bem, e quando alguém conversa sobre um assunto durante 39 anos, é claro que sabe o que o outro lado necessita.

– Bom, eu já me enganei antes – respondi. – É claro que posso estar errado nesta situação, mas vamos tentar. Se já sabe, diga: quais são as necessidades dele?

– É muito óbvio, Marshall – retrucou ela. – Ele não quer que eu gaste dinheiro nenhum.

– Isso é ridículo – reagiu o marido imediatamente.

Ficou claro que eu e ela tínhamos definições diferentes do que seja uma *necessidade*. Quando disse que o marido não queria que ela gastasse dinheiro nenhum, a mulher identificou o que chamo de estratégia. Mesmo que tivesse razão, ela respondera qual era a *estratégia* desejada dele, não sua *necessidade*, que, da maneira como a defino, não contém nenhuma referência a ações específicas – como gastar ou não dinheiro.

Eu lhe falei que todos os seres humanos têm as mesmas necessidades e que tinha certeza de que, se conseguisse ser clara sobre quais eram as dela e as do marido, seríamos capazes de resolver a questão. Então perguntei:

– Poderia tentar de novo? Qual você acha que é a necessidade dele?

– Bom, vou explicar, Marshall. Sabe, ele é igualzinho ao pai dele – respondeu ela.

E me contou como o sogro evitava gastar dinheiro. Interrompi-a:

– Espere um pouco. Você está me oferecendo uma análise sobre por que ele é como é. O que estou pedindo é que você me diga simplesmente qual necessidade dele está envolvida nesta situação. Você está fazendo uma análise intelectual do que aconteceu na vida dele.

Era evidente que ela não sabia identificar a necessidade do marido. Mesmo depois de 39 anos de conversa, a mulher ainda não fazia ideia do que ele precisava. Tinha diagnósticos sobre ele, tinha a percepção intelectual de quais poderiam ser as razões para ele não querer que ela ficasse com o talão de cheques, mas não entendia de fato a necessidade dele naquela situação.

Então perguntei ao marido:

– Como sua mulher não está em contato com suas necessidades, por que não conta a ela? Que necessidade sua é atendida quando você fica com o controle financeiro da casa?

– Marshall, ela é uma esposa maravilhosa, uma mãe maravilhosa – disse ele. – Mas, quando se trata de dinheiro, é totalmente irresponsável.

Mais uma vez, observe a diferença entre a minha pergunta, "Qual é sua necessidade nesta situação?", e a resposta. Em vez de me contar o que ele precisava, o marido me ofereceu o diagnóstico de que a esposa era irresponsável. Acredito que esse tipo de linguagem atrapalha a resolução pacífica dos conflitos. No momento em que qualquer um dos lados se vê criticado, diagnosticado ou intelectualmente interpretado, sua energia se volta para a tentativa de se defender e de contra-atacar, não para encontrar soluções que atendam às necessidades de todos.

Ressaltei que, na verdade, nem ele estava em contato com a própria necessidade e lhe mostrei que estava fazendo um diagnóstico da esposa. Então lhe perguntei outra vez:

– Qual é sua necessidade nesta situação?

Ele não soube responder. Mesmo depois de tantos anos de discussão, nenhum dos dois tinha uma percepção real da necessidade do outro. Era uma situação em que minha capacidade de perceber necessidades poderia ajudá-los a sair do conflito. Usei as habilidades da Comunicação Não Violenta para tentar adivinhar o que marido e mulher estavam expressando na forma de julgamentos.

Lembrei ao marido que ele afirmara que a esposa era totalmente irresponsável com dinheiro (um julgamento) e perguntei:

– Você sente medo nesta situação porque tem necessidade de proteger a família financeiramente?

Quando eu falei isso, ele me olhou e exclamou:

– É exatamente isso que estou dizendo!

É claro que ele não estava dizendo exatamente isso, mas, quando enxergamos a necessidade do outro, chegamos mais perto da verdade, mais perto do que estão tentando dizer. Acredito que toda análise que insinua que o outro está errado é, basicamente, uma expressão trágica de necessidades não atendidas. Quando conseguimos ouvir o que as pessoas necessitam, é uma grande dádiva para elas, porque as ajuda a se conectar com a vida.

Embora nessa situação meu palpite estivesse correto, não é necessário acertar. Mesmo que tivesse errado, eu pelo menos estava voltando a atenção dele para as próprias necessidades. Concentrar-se dessa maneira ajuda as pessoas a terem um contato maior com aquilo de que precisam, tirando-as do campo da análise e deixando-as mais conectadas com a vida.

Verificar se as necessidades foram compreendidas com exatidão
Depois que ele revelou qual era sua necessidade, o passo seguinte foi ter certeza de que a esposa o escutara. Essa é uma habilidade fundamental na resolução de conflitos. Não podemos supor que, só porque uma mensagem foi expressa, o outro a recebeu com exatidão. Sempre que medeio um

conflito, quando não tenho certeza de que a pessoa que ouviu a mensagem a compreendeu com exatidão, peço que ela a repita.

Perguntei então à mulher:

– Pode me dizer o que entendeu sobre a necessidade de seu marido nesta situação?

– Bom, só porque passei alguns cheques sem fundos quando nos casamos, isso não significa que eu vá continuar fazendo isso – respondeu ela.

O tipo de resposta que ela deu não é incomum. Quando as pessoas guardaram uma mágoa durante muitos anos, o fato de o outro expressar com clareza uma necessidade não significa que elas conseguirão escutá-la. Em geral, ambos estão tão tomados pela dor que isso atrapalha a escuta um do outro.

Perguntei-lhe se ela conseguiria repetir o que o marido tinha dito, mas era óbvio que ela realmente não ouvira, que estava muito magoada. Eu lhe disse:

– Gostaria de lhe contar o que ouvi seu marido dizer e gostaria que você repetisse para mim. Ouvi seu marido dizer que tem necessidade de proteger a família. Ele está com medo porque quer mesmo ter certeza de que a família está protegida.

Oferecer empatia para curar a mágoa (que impede as pessoas de se ouvirem)

A esposa ainda não conseguia ouvir a necessidade do marido, então mudei a abordagem e usei outra habilidade muitas vezes valiosa na resolução de conflitos: em vez de tentar fazê-la repetir o que ele dissera, tentei entender a dor que ela sentia.

– Percebo que está se sentindo magoada e precisa que confiem em você para que possa aprender com as experiências do passado – falei.

Deu para ver nos olhos dela que a mulher precisava mesmo dessa compreensão, e ela respondeu:

– Sim, é isso mesmo.

Depois de ver que tinha sido compreendida, torci para que ela agora conseguisse ouvir o marido, e novamente repeti o que entendi que fosse a necessidade dele: proteger a família. Pedi a ela que repetisse o que tinha ouvido. Ela respondeu:

– Então ele acha que gasto dinheiro demais.

Como se pode ver, ela não estava treinada para ouvir necessidades, assim como não estava treinada para expressá-las. Em vez de ouvir o que o marido precisava, ela só ouvia um diagnóstico sobre si. Sugeri que tentasse escutar sem achar que ele a estava criticando. Depois de repetir mais duas vezes, a mulher enfim foi capaz de ouvir a necessidade do marido.

Então inverti o processo e pedi à esposa que exprimisse a necessidade dela. Mais uma vez, não foi capaz de fazer isso diretamente e se expressou na forma de um julgamento:

– Ele não confia em mim. Pensa que sou burra e que não sou capaz de aprender. Acho que isso é injusto. Quer dizer, só porque fiz uma coisa algumas vezes não significa que vou fazer sempre.

Mais uma vez, emprestei-lhe minha capacidade de enxergar a necessidade por trás daquilo tudo e lhe disse:

– Parece que, na verdade, sua necessidade é de que confiem em você. Você realmente quer que reconheçam que pode aprender com a situação.

Então pedi ao marido que me contasse qual era a necessidade da esposa. E, assim como ela tivera julgamentos que a princípio a impediram de ouvi-lo, ele não conseguiu compreendê-la. Queria defender sua necessidade de proteger a família e começou a explicar que ela era uma boa esposa, uma boa mãe, mas totalmente irresponsável no quesito dinheiro. Tive que ajudá-lo a escutar para além de seu julgamento, e lhe pedi:

– Por favor, pode apenas me dizer do que ela precisa?

Tive que repetir três vezes, até que enfim ele ouviu que ela precisava que confiassem nela.

Como previ, no momento em que ambos ouviram a necessidade um do outro, não levou nem 20 minutos para que encontrássemos um jeito de atender à necessidade de todos. Demorou bem menos do que isso!

Quanto mais fui lidando com conflitos no decorrer dos anos e quanto mais fui vendo o que leva as famílias a discutirem e o que leva nações à guerra, mais tive certeza de que a maioria das crianças em idade escolar conseguiria resolver esses desentendimentos. Se as pessoas simplesmente dissessem "Aqui estão as necessidades dos dois lados. Aqui estão os recursos. O que se pode fazer para atender a essas necessidades?", o conflito seria fácil de resolver. Mas, tragicamente, não nos ensinam a refletir sobre as necessidades humanas, então nosso pensamento não se volta para esse âmbito. Em vez disso, passamos a desumanizar uns aos outros com rótulos e julgamentos, de modo que até o mais simples dos conflitos se torna dificílimo de ser solucionado.

Como resolver disputas entre grupos de pessoas

Para mostrar que esses mesmos princípios podem ser aplicados quando há mais de duas pessoas envolvidas, vamos examinar um conflito que me pediram que mediasse entre duas tribos da Nigéria. Essas tribos tinham vivido uma enorme onda de violência entre si no ano anterior. Na verdade, durante um ano, um quarto da população fora morta – 100 mortos num universo de 400 pessoas.

Ao testemunhar isso, um colega meu que mora nesse país se esforçou muito para convencer os chefes de ambos os lados a se reunirem comigo a fim de vermos se conseguiríamos resolver o conflito. Depois de muito empenho, ele enfim fez com que concordassem.

A caminho da reunião, meu colega me cochichou: "Prepare-se para um pouquinho de tensão, Marshall. Três pessoas na sala sabem que quem matou seus filhos também estará lá." No começo, foi muito tenso. Tinha havido muita violência entre esses dois grupos e era a primeira vez que de fato se sentavam juntos.

Comecei com a pergunta que costumo fazer para iniciar as sessões de resolução de conflitos e cujo objetivo é pôr o foco nas necessidades das pessoas. Disse a ambos os lados:

– Gostaria que quem quiser falar primeiro diga quais são suas necessidades nesta situação. Depois que todo mundo entender o que todos precisam, passaremos a buscar maneiras de atender a essas necessidades.

Infelizmente, como o marido e a mulher, eles não foram ensinados a perceber necessidades; só sabiam me dizer o que estava errado no outro lado. Em vez de responder à minha pergunta, o chefe de um lado olhou por sobre a mesa e afirmou:

– Vocês são assassinos.

E o outro lado respondeu:

– Vocês querem nos dominar, não vamos mais tolerar isso!

Depois de duas frases, havia mais tensão do que quando entrei. É óbvio que reunir pessoas para uma conversa só é útil se elas souberem se comunicar de modo a se conectarem como seres humanos. Meu trabalho era semelhante ao que fizera com o casal: emprestar a eles a capacidade de enxergar as necessidades por trás do que estava sendo dito.

Virei-me para o chefe que falara primeiro e palpitei:

– Chefe, o senhor tem necessidade de segurança e da garantia de que todos os conflitos serão resolvidos por meios não violentos?

– É claro, é isso que estou dizendo! – respondeu ele imediatamente.

Ora, é claro que ele não tinha dito isso. Ele dissera que o outro era assassino e fizera um julgamento em vez de expressar as próprias necessidades. No entanto, agora que tinha ficado claro o que ele precisava, virei-me para um chefe do outro lado e perguntei:

– Chefe, o senhor poderia repetir o que ele disse sobre a necessidade dele?

De maneira muito hostil, o chefe respondeu perguntando:

– Então por que você matou meu filho?

Isso provocou uma confusão entre os dois grupos. Depois que a situação se acalmou, eu intervim:

– Chefe, trataremos de sua reação às necessidades dele depois, mas no momento sugiro que o senhor apenas ouça o que ele está falando. Pode repetir o que ele disse sobre a necessidade dele?

Ele não conseguiu. Estava tão envolvido emocionalmente naquela situação e no juízo que fazia do outro que não ouviu quais eram as necessidades dele. Repeti as necessidades que enxerguei e acrescentei:

– Chefe, ouvi o outro chefe dizer que precisa de segurança. Ele tem necessidade de se sentir seguro e de que os conflitos, não importa quais sejam, sejam resolvidos de forma não violenta. O senhor poderia apenas repetir qual é essa necessidade, para que eu tenha certeza de que todos estão se entendendo?

Ele não conseguiu. Tive que repetir isso duas ou três vezes até que ele enxergasse a necessidade do outro.

Inverti então o processo e disse ao segundo chefe:

– Agradeço-lhe por entender que ele tem essa necessidade de segurança. Agora gostaria de ouvir quais são suas necessidades nesta situação.

– Eles vêm tentando nos dominar – afirmou ele. – São um grupo de gente dominadora. Acham que são melhores do que todo mundo.

Mais uma vez, isso provocou uma discussão. Tive que interromper, pedindo que parassem. Depois que o grupo se acalmou, voltei a tentar enxergar as necessidades por trás de sua declaração de que o outro lado era dominador. Perguntei:

– Chefe, a necessidade por trás dessa declaração é uma necessidade de igualdade? O senhor precisa sentir que está sendo tratado com igualdade nesta comunidade?

– Preciso, é claro! – respondeu ele.

Mais uma vez, o trabalho consistiu em fazer o chefe do outro lado ouvir – o que não foi fácil. Foi preciso repetir três ou quatro vezes até conseguir que ele simplesmente visse a necessidade que esse outro ser humano estava expressando. Por fim, ele foi capaz de ouvir o outro chefe dizer que precisava de igualdade.

Depois que passei todo esse tempo fazendo os dois lados expressarem a necessidade de cada um e ouvirem o que o outro dizia precisar (isso levou quase duas horas), um terceiro chefe, que ainda não tinha falado nada, deu um pulo e ficou de pé. Ele olhou para mim e veementemente disse alguma coisa na língua dele. Fiquei muito curioso sobre o que ele tentava expressar com tamanha intensidade e aguardei ansioso a tradução. Fiquei muito comovido quando o intérprete falou:

– O chefe diz que não vamos conseguir aprender esse modo de nos comunicarmos num dia só. Mas que se aprendermos a nos comunicar assim não precisaremos mais nos matar uns aos outros.

Pedi ao intérprete:

– Diga ao chefe que estou muito grato por ele perceber o que pode acontecer quando ouvimos as necessidades uns dos outros. Diga-lhe que hoje meu objetivo é ajudar a resolver o conflito pacificamente, de forma que todos fiquem satisfeitos, e que espero que todos consigam ver o valor desse modo de se comunicar. Diga-lhe que, se os membros de ambos os lados quiserem, teremos prazer em treinar pessoas de cada tribo para se comunicarem assim, de modo que os futuros conflitos possam ser resolvidos desta maneira, e não com violência.

Esse chefe quis ser um dos que seriam treinados. Na verdade, antes de eu ir embora naquele dia, já tínhamos membros das duas tribos ansiosos por aprender esse processo que permitiria a todos ouvirem as necessidades por trás das mensagens que estavam sendo expressas. Fico feliz em afirmar que a guerra entre as tribos acabou naquele dia.

Oferecer estratégias numa linguagem de ação positiva

Depois de ajudar as partes em conflito a expressarem as próprias necessidades e se conectarem às dos outros, sugiro que passemos a procurar estratégias que atendam às necessidades de todos. Em minha experiência, se tivermos pressa para chegar a esse estágio, podemos encontrar alguns pontos de concordância, mas não chegaremos a uma solução com a mesma qualidade. No entanto, quando entendemos inteiramente as necessidades antes de passar à proposta de soluções, aumentamos a probabilidade de que ambos os lados cumpram o acordo.

É claro que não basta apenas ajudar cada lado a ver o que o outro precisa. Temos que chegar ao âmbito da ação, uma ação que atenda às necessidades de todos. Isso exige que sejamos capazes de expressar as estratégias propostas com clareza, numa linguagem presente e de ação positiva.

Com linguagem "presente", refiro-me a uma declaração clara do que se quer do outro lado *neste momento*. Por exemplo, comece com "Quero que você me diga se está disposto a..." e então apresente a ação que gostaria que a outra pessoa realizasse. Usar presente ao perguntar "Está disposto a...?" torna mais fácil uma discussão respeitosa. Se o outro lado disser que não está disposto, podemos descobrir por quê. Constatei que os conflitos avançam mais rumo à solução quando conseguimos aprender a fazer nosso pedido em linguagem presente.

Se eu disser "Gostaria que vocês fossem ao show comigo sábado à noite", está bem óbvio o que quero fazer na noite de sábado, mas não deixa necessariamente claro o que quero dos outros. Neste momento, posso querer que me digam se estariam dispostos a ir. Posso querer que me digam o que acham de ir comigo. Posso querer que me digam se têm alguma objeção quanto a isso e assim por diante.

Quanto mais diretos formos sobre a reação que queremos *agora mesmo*, mais depressa o conflito pode avançar para sua resolução.

Também sugiro que os pedidos sejam expressos na linguagem de ação positiva, declarando com clareza o que queremos que seja feito para que nossas necessidades sejam atendidas – em vez de dizermos o que não queremos. Em situações de conflito, dizer o que não queremos cria confusão e resistência. Isso se aplica até quando falamos com nós mesmos. Se só nos dissermos o que não queremos fazer, é pouco provável que consigamos mudar qualquer situação.

Lembro-me de uma ocasião, vários anos atrás, em que debati uma questão na TV pública. O programa foi gravado durante o dia para ser transmitido à noite, então pude ver de casa. Enquanto assistia, fiquei muito irritado comigo mesmo, porque fiz três coisas que não gosto de fazer quando estou debatendo. Lembro-me de ter dito a mim mesmo: "Se voltar a debater uma questão como essa, não quero fazer A, não quero fazer B nem quero fazer C."

Eu tinha a oportunidade de me redimir porque, na semana seguinte, pediram-me que continuasse o mesmo debate. Ao ir para o estúdio, repetia comigo mesmo: "Agora, lembre-se: não faça A, não faça B, não faça C." Cheguei ao programa, o outro debatedor veio para cima de mim do mesmo jeito que fizera na semana anterior, e o que fiz? Durante 10 segundos foi lindo. Mas o que fiz depois de 10 segundos? A, B e C. Na verdade, pelo que me lembro, logo compensei os primeiros 10 segundos!

O problema foi que disse a mim mesmo o que *não* fazer. Não fui claro sobre o que exatamente queria fazer de outra maneira. Na solução de conflitos, dizer com clareza o que querem – e não o que não querem – ajuda ambos os lados na hora de atender às necessidades de todos.

Uma mulher deixou essa questão muito clara certa vez. Seu conflito com o marido tinha a ver com o pouco tempo que ele ficava em casa, então ela lhe disse: "Não quero que você passe tanto tempo no trabalho." E ficou furiosa quando ele se inscreveu numa equipe de boliche. Ela disse o que não queria, não o que queria. Se tivesse expressado o que queria, poderia ter dito algo como: "Quero que você me diga se está disposto a passar pelo menos uma noite por semana comigo e com as crianças."

Linguagem de ação significa dizer com clareza o que queremos quando estamos fazendo um pedido, usando verbos de ação precisos. Também significa evitar qualquer linguagem que obscureça nossas necessidades ou que soe como um ataque.

Por exemplo, um casal vivia um conflito havia 12 anos. A mulher tinha uma necessidade de compreensão que não era atendida no relacionamento. Depois de levar seu parceiro a repetir a necessidade dela, eu lhe disse:

– Tudo bem, agora vamos às estratégias. – Então perguntei: – O que você quer dele, por exemplo, para atender à sua necessidade de compreensão?

– Gostaria que você me escutasse quando falo com você – respondeu ela olhando para o marido.

– Eu escuto.

E ela:

– Não, não escuta.

– Escuto, sim.

Eles me contaram que tinham essa mesma conversa havia 12 anos. É isso que acontece quando usamos palavras como *escutar* para exprimir nossas estratégias. É vago demais. Não é um verbo de ação.

Com minha ajuda, essa mulher percebeu o que realmente esperava do parceiro quando dizia "Quero que você me escute". Ela queria que ele repetisse o que ela dizia, para que pudesse ter certeza de que falara com clareza. Quando ela lhe fez esse pedido positivo de ação, ele se dispôs na mesma hora a atendê-lo. Ela ficou contentíssima, porque essa estratégia de fato satisfez sua necessidade. Por fim, uma necessidade que ela queria muito satisfazer havia 12 anos foi sanada. Só lhe faltava a linguagem precisa para dizer ao marido o que queria.

Um conflito semelhante entre outro casal envolvia a necessidade da mulher de que o marido respeitasse suas escolhas. Quando o marido entendeu, perguntei:

– Agora que seu marido entende sua necessidade de ter suas escolhas respeitadas, o que você lhe pede? Quais são suas estratégias para que essa necessidade seja atendida?

– Bom, quero que você me dê liberdade para crescer e ser eu mesma – disse ela ao marido.

Ele então respondeu:

– Eu dou.

– Não, não dá.

– Dou, sim.

– Calma! Calma! – intervim.

Nesse episódio também vemos a linguagem da não ação exacerbando conflitos. É fácil ouvir "me dê liberdade para crescer" e achar que isso insinua que somos senhores de escravos ou dominadores. Esse pedido não deixa claro o que se *quer*. Ressaltei isso à esposa:

– Gostaria que você lhe dissesse exatamente o que quer que ele faça para atender à sua necessidade de ver suas escolhas respeitadas.

– Quero que você me permita... – começou ela.

Interrompi-a e disse:

– Acho que *permitir* também é vago demais. Pode usar um verbo de ação mais concreto do que *permitir*?

– Bom, e se eu quiser que ele me deixe ser como quiser? – perguntou ela.

– Não – retruquei. – Ainda é muito vago. O que você realmente quer dizer quando pede a alguém que a "deixe ser como quiser"?

Depois de pensar por alguns segundos, ela percebeu algo importante. E disse:

– Opa, Marshall, entendi o que está acontecendo. Sei o que quero dele quando digo "Quero que você me deixe ser como quiser" e "Quero que você me dê liberdade para crescer". Mas, se eu usar linguagem clara, fica muito constrangedor. Além disso, vejo que ele não conseguiria, porque quero que ele aprove tudo que eu fizer independentemente do que seja.

Quando foi clara sobre o que realmente estava pedindo, ela viu que isso não deixava ao marido muita liberdade para ser quem ele era nem para ter as escolhas *dele* respeitadas. Respeito é um elemento fundamental do sucesso na solução de conflitos.

COMO RESOLVER CONFLITOS COM AUTORIDADES

Muitos anos atrás, trabalhei com um grupo de alunos pertencentes a minorias de uma cidade do Sul dos Estados Unidos. Eles tinham a impressão de que o diretor da escola onde estudavam tinha várias atitudes racistas e queriam minha ajuda para desenvolver a habilidade de resolver seus conflitos com ele.

Quando trabalhamos na sessão de treinamento, eles definiram com clareza suas necessidades. Quando conversamos sobre expressar seus pedidos, disseram:

– Marshall, não somos otimistas quanto a fazer pedidos a ele. Já tentamos isso e não foi agradável. Ele falou: "Saiam daqui, senão chamo a polícia."

– O que vocês lhe pediram? – perguntei.

Um dos estudantes respondeu:

– Dissemos que não queríamos que ele nos dissesse como usar o cabelo.

Eles se referiam ao fato de que o diretor os proibira de participar do time de futebol americano a menos que cortassem o cabelo bem curto.

– Na verdade, dizer a ele o que vocês não querem (não querem que ele lhes diga como usar o cabelo) não é o que estou sugerindo. Estou sugerindo que aprendam a lhe dizer o que querem.

Outro estudante disse:
– Pois já dissemos a ele que queremos justiça.
Respondi:
– Bom, essa é uma necessidade. Temos necessidade de justiça. Quando descobrimos isso, o passo seguinte é sermos claros com os outros sobre o que realmente queremos que façam. O que eles podem fazer para atender à nossa necessidade? Temos que aprender a dizer isso com mais clareza.

Trabalhamos bastante, chegamos a 38 pedidos em linguagem de ação positiva e treinamos como apresentá-los de maneira respeitosa e sem exigências. Isso significa que, depois de fazer o pedido, seja qual for a reação do outro – se dirá sim ou não –, daremos a ele o mesmo respeito e compreensão. Se o outro disser não, tentaremos entender *qual necessidade própria ele está satisfazendo* e que o impede de dizer sim.

Respeitar não é o mesmo que ceder

Entender as necessidades dos outros não significa que você tenha que abrir mão das suas. Significa demonstrar-lhes que está interessado *tanto* nas deles *quanto* nas suas. Quando os outros confiam nisso, é muito maior a probabilidade de que as necessidades de todos sejam atendidas, e foi isso que aconteceu na situação com o diretor.

Os estudantes foram, disseram a ele quais eram as suas necessidades e expressaram seus 38 pedidos em linguagem de ação clara. Também escutaram as necessidades do diretor, que, no fim, concordou com todos os 38 pedidos. Uns 15 dias depois, recebi o telefonema de um representante do distrito escolar perguntando se eu ensinaria ao administrador das escolas o que ensinara àqueles estudantes.

Ao fazer nossos pedidos, é importantíssimo ser respeitoso com a reação do outro, não importando se ele concordou ou não. Uma das mensagens mais importantes que o outro pode nos transmitir é "Não" ou "Não quero". Se escutarmos bem essa mensagem, ela nos ajudará a entender as necessidades dele. Se prestarmos atenção, veremos que toda vez que o outro diz não na verdade está dizendo que tem uma necessidade que não está sendo atendida por nossa estratégia e que isso o impede de dizer sim. Se conseguirmos aprender a ouvir o que o outro precisa por trás do não, descobriremos uma brecha para satisfazer a todos.

É claro que, se ouvirmos o não como rejeição ou se começarmos a condenar o outro por dizer não, é improvável que encontremos um modo de satisfazer a todos. É fundamental que, durante todo o processo, mantenhamos a atenção focada em *atender às necessidades de todos*.

Sou muito otimista quanto ao que pode acontecer em qualquer conflito quando criamos essa qualidade de conexão. Se todos os lados de um conflito tiverem clareza do que precisam, ouvirem as necessidades do outro e expressarem as próprias estratégias em linguagem de ação clara, mesmo que ouçam um não, o foco retornará à satisfação de *necessidades*. Se todos fizermos isso, facilmente encontraremos estratégias boas para todos.

QUANDO NÃO SE PODE REUNIR OS DOIS LADOS

Como disse, sou muito otimista quanto ao que pode acontecer quando juntamos pessoas e conversamos nesse nível, mas isso exige que seja possível reuni-las. Nos últimos anos, venho procurando estratégias para resolver conflitos quando não podemos reunir os dois lados.

Uma abordagem com que estou muito satisfeito envolve o uso de um gravador. Trabalho com cada lado separadamente e represento o papel da outra pessoa. Funciona assim: uma mulher veio me procurar muito magoada por causa do conflito entre ela e o marido, principalmente pelo modo como ele lidava com a raiva, chegando a agredi-la algumas vezes. Ela queria que ele fosse com ela à reunião e falasse sobre esse conflito, mas ele se recusou. Quando ela veio ao consultório, eu pedi que me deixasse representar o papel de seu marido. Nesse papel, escutei o que ela dizia e, com respeito, ouvi os sentimentos que expressava e como ela se sentia ao apanhar e não ser compreendida como gostaria.

Escutei de maneira a ajudá-la a exprimir as próprias necessidades com mais clareza, de modo que demonstrasse o entendimento respeitoso do que ela precisava. Então, ainda no papel de marido, disse quais achava que seriam as necessidades do marido e lhe pedi que me ouvisse. Gravamos esse jogo de representação em que fiz o papel do marido e, com minha ajuda, comunicamos com clareza as demandas dela. Depois lhe pedi que levasse a gravação ao marido e observasse a reação dele.

Quando ela levou a gravação ao marido, que ouviu como eu representara seu papel, foi grande o alívio que ele sentiu. Aparentemente, eu adivinhara com exatidão quais eram suas necessidades. Em consequência da compreensão que ele sentiu graças à empatia com que representei seu papel, ele veio à sessão e continuamos a trabalhar juntos até que ambos encontraram outras maneiras de atender às próprias necessidades sem o uso de violência.

CONCLUSÃO

Venho compartilhando alguns conceitos meus de resolução de conflitos, mostrando que a alfabetização das necessidades ajuda, que é importante que ambos expressem as próprias necessidades, ouçam as do outro lado e depois procurem estratégias – que serão expressas usando linguagem de ação clara.

Espero que esses relatos respaldem não só suas tentativas de resolver conflitos pessoais com mais harmonia, como também seu esforço em mediar conflitos dos outros. Espero que isso fortaleça sua percepção do precioso fluxo da comunicação que permite a resolução de conflitos de modo a satisfazer as necessidades de todos. E que aumente sua consciência da possibilidade de um tipo de comunicação que não passa pela coerção – de um fluxo de comunicação que aumente a percepção de nossa interdependência.

2
Amar você sendo eu mesmo
Guia prático dos relacionamentos extraordinários

A seguir, apresento a transcrição de trechos de workshops e entrevistas que dei aos meios de comunicação sobre o tema da intimidade e dos relacionamentos pessoais. Por meio da discussão e da representação de papéis, veremos como é na prática a maioria dos aspectos básicos da Comunicação Não Violenta, sobretudo na criação de relações amorosas com nossos parceiros, cônjuges e familiares, e sem abrir mão de nossos valores e de nossa integridade pessoal.

INTRODUÇÃO AO WORKSHOP

Então, adivinhem o que aconteceu hoje? Eu ia dar este workshop sobre relacionamentos à noite e tive uma crise às sete da manhã. Minha mulher ligou e me fez uma daquelas perguntas que a gente detesta ouvir num relacionamento a qualquer hora do dia, principalmente às sete da manhã, quando não estamos com nosso advogado ao lado. E o que ela perguntou às sete da manhã? "Acordei você?"

Essa não foi a pergunta difícil. Ela continuou: "Tenho uma pergunta importantíssima... Sou bonita?" [Risos.]

Odeio essas perguntas. Foi como na vez em que voltei depois de passar um bom tempo viajando e ela me perguntou: "Está vendo algo diferente na casa?" Olhei e olhei. "Não." Ela pintara a casa toda! [Risos.]

Eu sabia que a pergunta de hoje de manhã era do tipo que surge nos relacionamentos. "Sou bonita?" É claro que eu podia escapar afirmando que essa não é uma pergunta da CNV, porque sabemos que ninguém é coisa nenhuma. Ninguém é certo, errado, bonito ou feio. Mas eu sabia que ela não aceitaria nada desse tipo, então perguntei:
– Você quer saber se é bonita?
– Quero – respondeu ela.
– Às vezes é, outras vezes não. Posso voltar a dormir? [Risos.]
Ela gostou. Ainda bem!
Num de meus livros favoritos, *How to Make Yourself Miserable* (Como tornar a si mesmo infeliz, em tradução livre), de Dan Greenburg, há o seguinte diálogo:

– Você me ama? Veja bem, isso é muito importante para mim. Pense bem. Você me ama?
– Amo.
– Por favor, isso é muito importante. Pense com a máxima seriedade. Você me ama?
[Silêncio.]
– Amo.
– Então por que hesitou?
[Risos.]

As pessoas são capazes de mudar seu modo de pensar e se comunicar. Elas podem tratar a si mesmas com muito mais respeito e aprender com as próprias limitações sem se odiar. Ensinamos a fazer isso com a Comunicação Não Violenta. Apresentamos um processo para ajudar as pessoas a se conectarem com os mais próximos de tal maneira que possam gozar de uma intimidade mais profunda e dar mais prazer um ao outro, sem fazer as coisas por dever, obrigação, culpa, vergonha ou outras razões que destroem os relacionamentos íntimos. Mostramos às pessoas como é bom trabalhar cooperativamente num ambiente de trabalho. E como transformar estruturas de hierarquia e dominação no âmbito profissional de modo que todos tenham a mesma visão de como podem contribuir para a vida. E ficamos entusiasmados com a quantidade de gente no mundo inteiro que tem muita energia para fazer com que isso aconteça.

UM CONFLITO TÍPICO

PARTICIPANTE A: Marshall, qual você acha que é o principal conflito, a principal questão, entre homens e mulheres?

MARSHALL: Bom, ouço muito essa pergunta no meu trabalho. As mulheres com frequência me procuram dizendo: "Marshall, não quero que você fique com uma ideia errada. Tenho um marido maravilhoso." E aí, é claro que sei que vem a palavra *mas*: "Mas nunca sei o que ele está sentindo." Os homens de todo o planeta (há exceções) vêm da escola John Wayne de expressão das emoções – a escola Clint Eastwood, a escola Rambo –, em que há, no máximo, um grunhido. Em vez de dizer claramente o que acontece por dentro, você rotula as pessoas, como John Wayne faria ao entrar numa taberna num filme. Mesmo que estivesse na mira das armas, ele nunca diria "Estou com medo". Ele poderia ter ficado seis meses no deserto, mas jamais confessaria: "Estou me sentindo só." E como John se comunicava? Ele se comunicava rotulando os outros. É um sistema simples de classificação. Se os outros são do bem, pague-lhes uma bebida; se são do mal, mate-os.

Com essa maneira de se comunicar, que, basicamente, foi como me ensinaram a me comunicar, não se aprende a ter contato com as próprias emoções. Quem é treinado para ser guerreiro quer manter as emoções fora da consciência. E estar casada com um guerreiro não é uma experiência muito rica para a mulher que brincava de boneca enquanto os meninos brincavam de guerra. Ela quer intimidade, mas o homem não tem um vocabulário que facilite isso.

Por outro lado, as mulheres não são ensinadas a ser muito objetivas sobre as próprias necessidades. Há séculos aprendem a negá-las para cuidar dos outros. Portanto, é comum que dependam da liderança do homem e esperem que ele praticamente adivinhe o que querem e necessitam, que as satisfaça, que cuide disso. Vejo essas questões com frequência, mas, como disse, é claro que há muitas diferenças individuais.

PARTICIPANTE A: Vamos fazer uma representação do tipo de coisa que acontece entre homens e mulheres. Você pode organizar? Podemos representar os motivos pelos quais os casais mais brigam?

MARSHALL: Uma das questões que sempre vejo é a mulher dizer ao homem: "Não me sinto conectada com você como gostaria. Quero muito uma conexão mais emocional. Como se sente quando lhe digo isso?" E o homem responde: "Hã?"

PARTICIPANTE A: Tudo bem, eu faço o marido.

PARTICIPANTE A COMO MARIDO: Então, o que você quer? O que quer que eu faça?

MARSHALL COMO ESPOSA: Bom, neste exato momento, em vez de me fazer essa pergunta, gostaria de saber como você está se sentindo. Ficou magoado com o que eu disse? Está zangado? Está com medo?

PARTICIPANTE A COMO MARIDO: Não sei.

MARSHALL COMO ESPOSA: É disso que estou falando. Quando você não sabe como se sente, é muito difícil para mim me sentir segura e confiante.

PARTICIPANTE A COMO MARIDO: Bom, eu sinto que você... eu sinto que você está me criticando.

MARSHALL COMO ESPOSA: Então você está meio magoado e quer que eu o respeite e admire o que você faz pelo nosso relacionamento.

PARTICIPANTE A COMO MARIDO: Bom, sim.

MARSHALL COMO ESPOSA: E, veja, eu gostaria que você tivesse dito isso. Eu gostaria de ouvir você dizer: "Estou magoado, gostaria de algum reconhecimento." Mas observe que não foi o que falou. O que você disse foi: "Você está me criticando." E exigiu que eu respirasse fundo, não me agarrasse a isso nem ouvisse uma condenação no que você falou para eu tentar ouvir o que você está sentindo e o que pode necessitar. Gostaria de não ter que trabalhar tanto nisso. Realmente apreciaria que você simplesmente me dissesse o que está acontecendo dentro de você.

PARTICIPANTE A COMO MARIDO: Bom, na maior parte do tempo não sei o que está acontecendo dentro de mim. O que você quer que eu faça?

MARSHALL COMO ESPOSA: Em primeiro lugar, estou contente de termos esta conversa agora. Quero que saiba que espero manter em mente como é difícil para você me dar o que quero. Estou tentando ter consciência de que, para você, isso é muito novo. Quero ser paciente. Mas gostaria de saber o que está acontecendo dentro de você.

PARTICIPANTE A COMO MARIDO: Bom, agora acho que estou contente porque você está me dizendo o que necessita.

MARSHALL COMO MARSHALL: Esta é uma interação bem típica. Com frequência, o homem interpreta o que a mulher diz como uma exigência.

SOBRE O TEMA DO CASAMENTO

Talvez você tenha me ouvido dizer que é mais difícil se relacionar dentro do casamento do que fora dele, graças a todas as loucuras que nos ensinam sobre o que significa "casamento". Acho que admiro muito mais a pessoa com quem convivo quando não penso nela como "minha esposa", porque, na cultura em que fui criado, quando dizem "minha esposa", os homens começam a pensar nas mulheres como um tipo de propriedade.

A CNV é uma linguagem que torna possível nos conectarmos de um jeito que nos permite nos doar ao outro de coração. Isso significa que, com seu parceiro, você não faz as coisas por causa de títulos que implicam que você "tenha que", "deva", "precise" ou "seja obrigado a". Você não dá por culpa, vergonha, inconsciência, medo, obrigação nem dever. Minha crença é que, sempre que fazemos algo para o outro com esse tipo de energia, todo mundo sai perdendo. Quando recebemos algo dado com esse tipo de energia, sabemos que teremos que pagar, porque se tratou de algo feito às custas do outro. Estou interessado num processo no qual fazemos as coisas de coração.

Como aprender a se doar de coração de tal forma que, ao dar, pareça que você está recebendo? Quando as coisas são feitas de um jeito humano, acho que não dá para distinguir quem dá de quem recebe. Só quando interagimos da maneira que chamo de julgadora ou condenatória é que dar não é muito divertido.

APRENDENDO COM QUATRO PERGUNTAS

Vou sugerir que vocês escrevam algumas coisas. Vou fazer quatro perguntas. Se forem casados ou tiverem parceiro fixo, finjam que estou perguntando como se fosse seu parceiro ou cônjuge. Se quiserem se concentrar em algum outro relacionamento, escolham alguém de quem sejam íntimos, talvez um bom amigo.

Vou fazer as quatro perguntas que interessam profundamente aos praticantes da CNV em todo tipo de relacionamento, mas sobretudo nos mais íntimos. Escrevam sua resposta a cada uma dessas perguntas como se fosse essa outra pessoa quem estivesse perguntando. [Leitor: convido-o a fazer isso também, numa folha de papel separada.]

Primeira pergunta: *Poderia me dizer algo que faço como seu parceiro ou amigo que torna a vida menos maravilhosa para você?* Como praticante da CNV, não quero realizar nenhuma ação nem dizer nada que não enriqueça sua vida. Portanto, será um grande serviço se, sempre que eu fizer algo assim, você me chame a atenção. Consegue pensar numa coisa que eu faça ou deixe de fazer que torna a sua vida menos maravilhosa? Escreva o que é.

Agora, a segunda pergunta. Como praticante da CNV, além de querer saber o que faço que torna a sua vida menos maravilhosa, também é importante para mim ser capaz de me conectar com o que você está sentindo. Para conseguir entrar no jogo da doação ao outro de coração, seus sentimentos são muito importantes. Preciso enxergá-los. É muito bom quando conseguimos ter contato com as emoções um do outro. Minha segunda pergunta, portanto, é: *Quando faço isso que você falou, como se sente?*

Escreva como se sente.

Avancemos agora para a terceira pergunta. Como adepto da CNV, percebo que o jeito como nos sentimos resulta de quais são nossas necessidades e do que está acontecendo com elas. Quando nossas necessidades são atendidas, experimentamos sentimentos que recebem o título de "agradáveis" – como felicidade, satisfação, alegria e contentamento. Quando elas não são atendidas, temos o tipo de sentimento que você acabou de escrever. Portanto, eis a terceira pergunta: *Quais necessidades suas não estão sendo atendidas?*

Gostaria que você me dissesse por que se sente assim em relação às suas necessidades: "Sinto-me assim porque gostaria de _____" (ou "porque queria, desejava ou esperava que _____"). Escreva nesse formato suas necessidades não atendidas.

Agora o praticante da CNV está entusiasmado porque quer chegar à próxima pergunta, que é essencial para todos os adeptos desse estilo de comunicação. Mal posso esperar para ouvir a resposta. Todos prontos para a grande pergunta da CNV?

Sei que estou fazendo algo que não enriquece sua vida e sobre a qual você tem certos sentimentos. Você me contou quais necessidades suas não estão sendo atendidas. *Agora, diga-me o que posso fazer para que seus sonhos mais maravilhosos se realizem.* É disso que trata a CNV: *O que podemos fazer para enriquecer a vida uns dos outros?*

A CNV trata claramente de comunicar esses quatro pontos aos outros a qualquer dado momento. É claro que nem sempre a situação diz respeito à satisfação de necessidades. Também podemos usar a CNV para agradecer, dizendo aos outros como enriquecem nossa vida. Para isso, contamos (1) o que fizeram para nos enriquecer, (2) quais são nossos sentimentos e (3) quais necessidades nossas foram atendidas com suas ações. Acredito que, como seres humanos, tudo que falamos consiste basicamente em duas coisas: *por favor* e *obrigado*. A linguagem da CNV é organizada para tornar bem claros nossos *por favores* e *obrigados*, de modo que os outros nunca ouçam algo que atrapalhe nossa doação de coração uns aos outros.

Críticas

Há duas formas principais de comunicação que tornam quase impossível doar de coração. A primeira é tudo que soe como crítica. Se você expressou suas quatro respostas através da CNV, não deve haver ali nada que possa ser interpretado como crítica pelos outros. Como se pode ver, a única vez que se fala sobre eles é na primeira parte, na qual seu comportamento é mencionado. Você não os está criticando pela maneira como se comportam, mas apenas chamando a atenção para o modo como agem. As três outras partes são todas sobre você: seus sentimentos, suas necessidades não atendidas e seus pedidos. Se usar qualquer palavra que possa ser facilmente interpretada pelos outros como crítica, então meu palpite é que você misturou um pouco de julgamento nesses quatro ingredientes.

Quando falo em *crítica*, estou me referindo a ataques, julgamentos, tentativas de culpar, diagnósticos ou qualquer coisa que analise os outros com a cabeça. Quando as respostas são dadas de forma não violenta, espera-se que não haja palavras fáceis de parecerem críticas. No entanto, se você estiver usando as orelhas do julgamento [Marshall põe um par de orelhas de mentira], o outro ouvirá críticas, não importa o que você diga. Agora aprenderemos a dar um jeito nessa bagunça, caso isso aconteça. Queremos ser capazes de usar a CNV com todo mundo.

Coerção

O segundo obstáculo à nossa capacidade de doar de coração é qualquer sinal de coerção. Como praticante da CNV, você quer apresentar essas quatro coisas que escreveu de modo que o outro as receba como dádivas, como uma oportunidade de doação, não como uma exigência ou ordem. Não há crítica nem coerção na linguagem da CNV. Quando dizemos aos outros o que queremos, o fazemos de modo a lhes transmitir: "Por favor, só faça isso se estiver disposto. Por favor, nunca faça nada por mim contra a vontade. Nunca faça nada por mim se houver o mínimo de medo, culpa, vergonha, ressentimento ou resignação por trás de seus motivos. Senão, ambos sofreremos. Por favor, só atenda a meu pedido se vier do coração – de maneira que o ato de me doar alguma coisa seja uma dádiva para você." Ambos se beneficiam com a ação apenas quando ninguém sente que está perdendo, cedendo ou desistindo.

Recebendo com o coração
A CNV tem duas partes principais. A primeira é a capacidade de dizer aquelas quatro coisas e transmiti-las sem que o outro interprete como crítica ou exigência. A outra é aprender a receber essas quatro informações dos outros, quer eles usem uma linguagem marcada por julgamentos, quer usem a CNV. Se o outro falar usando a CNV, nossa vida será muito mais fácil. A pessoa dirá essas quatro coisas com clareza e nosso papel será recebê-las com exatidão antes de reagir.

No entanto, se o outro fala em uma linguagem julgadora, precisamos pôr nossas "orelhas da CNV". [Risos.] As orelhas da CNV servem como intérpretes: não importa a língua que o outro fale, quando as usamos, só ouvimos CNV. Por exemplo, o outro diz "O problema com você é que _____", mas, com as orelhas da CNV, escuto "O que eu gostaria é que _____". Não ouço julgamentos, críticas nem ataques. Com esse recurso, percebo que todas as críticas são expressões patéticas de uma necessidade não atendida – patética porque, em geral, não leva a pessoa a obter o que quer, provocando tensões e problemas de todo tipo. Com a CNV, deixamos tudo isso de lado. Nunca ouvimos críticas, só necessidades insatisfeitas.

Escutando e respondendo com a CNV
Vamos treinar a escuta em CNV quando os outros falam na forma de julgamentos. Gostaria que alguns voluntários apresentassem sua situação para que todos possamos aprender com ela. Se vocês lerem o que escreveram, veremos se responderam usando a CNV ou se alguma outra língua julgadora se misturou na forma como se expressaram.

Primeira pergunta: "O que eu faço que torna a vida menos maravilhosa para você?"

PARTICIPANTE B: Você parece não escutar.

MARSHALL: "Você parece." Já posso lhe afirmar que você não está respondendo à pergunta usando a CNV. Quando diz "Você parece", já sei que vem aí um diagnóstico. "Você parece não escutar" é bem isso. Já ouviu alguém dizer "Você não escuta" e a outra pessoa responder "Escuto, sim!" "Não escuta!" "Escuto, sim!"? É o que acontece quando começamos com uma crítica, não com uma observação.

MARSHALL COMO PARCEIRO: Diga-me quais ações minhas a levam a achar que não a escuto. Consigo ler o jornal e assistir à televisão enquanto você fala e ainda assim escutá-la.

PARTICIPANTE B: Eu fico falando enquanto você assiste à TV.

MARSHALL COMO MARSHALL: Se seu parceiro não estivesse escutando com a CNV, ele ouviria um ataque na mesma hora. Mas, como seu parceiro com orelhas de CNV, não ouço críticas; só suponho a que comportamento você está reagindo.

MARSHALL COMO PARCEIRO: Está reagindo ao fato de que fico assistindo à televisão enquanto você fala comigo?

PARTICIPANTE B: Sim.

MARSHALL COMO PARCEIRO: Como se sente quando assisto à televisão enquanto você fala?

MARSHALL COMO MARSHALL: [Num comentário à participante.] E não responda: "Sinto que você não me escuta!" Esse é só um jeito disfarçado de condenar outra vez.

PARTICIPANTE B: Eu me sinto frustrada e magoada.

MARSHALL COMO MARSHALL: Ah, agora estamos avançando!

MARSHALL COMO PARCEIRO: Pode me dizer por que se sente assim?

PARTICIPANTE B: Porque quero me sentir valorizada.

MARSHALL COMO MARSHALL: CNV clássica! Observem que ela não disse: "Eu me sinto frustrada e magoada porque você assiste à televisão." Ela não me culpa pelos sentimentos dela e os atribui às próprias necessidades. "Eu me sinto _____ porque eu _____." As pessoas que julgam, por outro lado, exprimem assim o que sentem: "Você me fere quando assiste à televisão enquanto fala comigo." Em outras palavras: "Eu me sinto _____ porque você _____." Agora, a quarta pergunta: "O que gostaria que eu fizesse para tornar a vida maravilhosa para você?"

PARTICIPANTE B: Quando estiver conversando comigo, eu gostaria que você olhasse nos meus olhos, além de repetir o que me ouviu dizer.

MARSHALL: Certo. Todo mundo ouviu as quatro coisas? "Quando você assiste à televisão enquanto estou falando, sinto-me frustrada e magoada porque gostaria muito que o que estou dizendo recebesse reconhecimento e atenção. Você estaria disposto a me olhar nos olhos enquanto falo e, depois, repetir o que me ouviu falar, me oferecendo a oportunidade de corrigi-lo se não tiver sido o que eu quis dizer?"

Agora, é claro que o outro pode ouvir isso como crítica e querer se defender: "Eu escuto; consigo escutar enquanto assisto à televisão." Ou, se ouvir como exigência, pode fazer o seguinte: "[Suspiro.] Tudo bem." Isso mostra que ele não ouviu o pedido como tal, como uma oportunidade de contribuir para o bem-estar do relacionamento. Ele ouviu uma exigência; poderá até obedecer, mas, se o fizer, você vai preferir que ele tivesse se recusado, porque o fará apenas para impedir que você dê um chilique. Ele não o fará para tornar a vida maravilhosa para você, mas para impedir que a vida fique péssima para ele.

É por isso que o casamento é um verdadeiro desafio. Ensinaram a muita gente que amor e casamento significam negar a si mesmo em favor do outro. "Como a amo, tenho que fazer isso, mesmo que não queira." E ele fará, mas você vai preferir que não fizesse.

PARTICIPANTE B: Porque ele vai se ressentir.

MARSHALL: Pois é. Pessoas assim têm uma calculadora no cérebro e lhe dirão o que aconteceu 12 anos atrás, quando elas se anularam. Isso sempre volta, de um jeito ou de outro. "Depois de todas as vezes que fiz coisas por você, mesmo não querendo, o mínimo que você pode fazer é _____!" Ah, sim. E isso não acaba nunca; não se preocupe, eles são excelentes estatísticos.

REPRESENTAÇÃO DE PAPÉIS

Ouvindo uma exigência

PARTICIPANTE C: E como a praticante da CNV responde quando o outro diz "Consigo escutar você e assistir à TV ao mesmo tempo"?

MARSHALL COMO PRATICANTE DA CNV: Você está incomodado porque se sentiu pressionado por algo que eu disse e gostaria de não sofrer pressões?

PARTICIPANTE C: É claro! Você vive fazendo exigências. Meu Deus! Exige isso, exige aquilo!

MARSHALL COMO PRATICANTE DA CNV: Então está meio cansado de exigências e gostaria de fazer as coisas porque tem vontade, e não por se sentir pressionado?

PARTICIPANTE C: Exatamente.

MARSHALL COMO PRATICANTE DA CNV: Agora me sinto muito frustrada, porque não sei como lhe dizer o que gostaria sem que você interprete como uma exigência. Só conheço duas opções: não dizer nada e não ter minhas necessidades atendidas ou lhe dizer o que gostaria e você interpretar como exigência. Seja como for, saio perdendo. Pode me dizer o que acabou de me ouvir dizer?

PARTICIPANTE C: Hein?

MARSHALL COMO MARSHALL: Agora, isso é muito confuso para quem não conhece a CNV. Essa pessoa cresceu num mundo de coerção. Os pais talvez achassem que a única maneira de levá-la a fazer qualquer coisa era puni-la ou culpá-la. Talvez não conheça outra coisa, não saiba a diferença entre um pedido e uma exigência. Ela realmente acredita que, se não fizer o que o outro quer, culpa ou ameaças virão. Não é tarefa fácil para mim, como praticante da CNV, ajudar essa pessoa a ouvir que meus pedidos são dádivas, não exigências. No entanto, quando conseguimos fazer isso, podemos evitar anos de sofrimento, porque qualquer pedido vira sofrimento quando ouvido sem as orelhas da CNV.

MARSHALL COMO PRATICANTE DA CNV: Gostaria de saber como posso pedir o que quero de modo que não pareça que estou pressionando você.

PARTICIPANTE C: Não sei.

MARSHALL COMO PRATICANTE DA CNV: Bom, fico contente que estejamos deixando isso claro, porque aqui está meu dilema: não sei como lhe dizer o que quero sem que você ouça imediatamente como algo que tem que fazer ou que o estou forçando a fazer.

PARTICIPANTE C: Bom, sei como isso é importante para você e... quando a gente ama alguém, faz o que o outro pede.

MARSHALL COMO PRATICANTE DA CNV: Posso influenciá-la a mudar sua definição de amor?

PARTICIPANTE C: **Para quê?**

MARSHALL COMO PRATICANTE DE CNV: Amor não é negar a si mesmo e fazer tudo pelo outro. Em vez disso, é expressar com franqueza quais são nossos sentimentos e necessidades e receber com empatia os sentimentos e as necessidades do outro. Receber com empatia não significa que seja preciso concordar; significa apenas receber com exatidão o que é expresso pelo outro como uma dádiva de vida. Amar é exprimir com sinceridade nossas necessidades, mas isso não significa fazer exigências. Não é dizer: "Aqui estou. Eis o que gosto." Como se sente com essa definição de amor?

PARTICIPANTE C: Se concordar com ela, serei uma pessoa diferente.

MARSHALL COMO PRATICANTE DE CNV: Sim, é verdade.

Faça-me parar se eu falar "demais"

MARSHALL: Que tal outra situação?

PARTICIPANTE D: Há quem diga "Quero que se cale; não quero ouvir mais nada" quando está se sentindo exasperado em situações em que o outro está falando demais...

MARSHALL: Um praticante da CNV não fica com a palavra "demais" na cabeça. Pensar que existem coisas "demais", "na quantidade certa" ou "de menos" é alimentar conceitos perigosos.

PARTICIPANTE D: O que ouvi você e os outros instrutores dizerem ontem à noite foi que tenho que parar de vez em quando para dar ao outro a oportunidade de responder.

MARSHALL: "Tem que"?

PARTICIPANTE D: Não, não "tenho que". Apenas "seria uma boa ideia".

MARSHALL: Sim, você sabe que não tem que porque houve muitas ocasiões na vida em que você não parou. [Risos.]

PARTICIPANTE D: Bom, eu gostaria de receber algum tipo de sinal de meu amigo...

MARSHALL: Quando ele ouvir uma palavra além do que quer ouvir?

PARTICIPANTE D: Isso.

MARSHALL: A coisa mais gentil que podemos fazer quando os outros usarem mais palavras do que queremos ouvir é interrompê-los. Observe a diferença: não é "quando estão falando demais". Digo "mais gentil" porque perguntei a centenas de pessoas: "Se estiver usando mais palavras do que alguém quer ouvir, deseja que a outra pessoa finja que está escutando ou que o interrompa?" Todos menos um responderam com firmeza: "Quero que me interrompam." Só uma mulher disse que não sabia se aguentaria caso lhe dissessem que parasse.

Na CNV, sabemos que não é gentil com o outro sorrir e abrir bem os olhos para esconder o fato de que sua cabeça já está longe dali. Isso não é bom para ninguém, porque a pessoa à sua frente se torna fonte de estresse e tensão – e isso ninguém quer. As pessoas querem que todos os atos e todas as palavras que saiam de sua boca enriqueçam a sua vida. Portanto, quando isso não acontecer, seja gentil com elas e as interrompa.

Agora, levei algum tempo para tomar coragem de testar isso, porque na cultura de dominação em que fui criado isso não se faz. Eu me lembro de quando decidi arriscar num ambiente social. Estava trabalhando com alguns professores em Fargo, na Dakota do Norte, e me convidaram para uma reunião social, para jogar conversa fora. Em 10 minutos, minha energia caiu a um nível baixíssimo. Eu não sabia onde estava a vida naquela conversa nem o que os outros sentiam ou queriam. Alguém dizia "Ah, sabem o que fizemos nas férias?", e aí eles conversavam sobre as férias. Em seguida, outra pessoa falava das férias dela.

Depois de escutar por algum tempo, tomei coragem e disse:

– Com licença. Estou impaciente com a conversa, porque não me sinto tão conectado com vocês quanto gostaria. Ajudaria se eu soubesse que vocês estão gostando da conversa.

Se eles estivessem, eu tentaria descobrir como gostar dela também; mas todas as nove pessoas pararam de falar e me olharam como se eu tivesse jogado um bicho morto no meio da sala.

Durante dois minutos, achei que fosse morrer, mas lembrei que nunca é pela resposta recebida que me sinto mal. Como me sentia mal, sabia que estava usando minhas orelhas julgadoras e achava que tinha dito algo errado. Quando pus as orelhas da CNV, consegui encarar os sentimentos e as necessidades expressos pelo silêncio e dizer:

– Meu palpite é que todos vocês estão zangados comigo e gostariam que eu simplesmente ficasse de fora da conversa.

Quando volto minha atenção para o que o outro sente e necessita, já me sinto melhor. Com minha atenção aí, removo totalmente o poder do outro de me desmoralizar, desumanizar ou de fazer com que eu me sinta a asa torta da mosca no cocô do cavalo do bandido. Isso é verdade mesmo nas ocasiões em que, como neste caso, erro o palpite. Só porque tenho orelhas da CNV não significa que meus palpites estejam sempre certos. Achei que todos estivessem zangadíssimos, mas não estavam.

A primeira pessoa a falar me disse:

– Não, não estou zangado. Só estava pensando no que você disse. – E concluiu: – *Eu* estava achando esta conversa chata.

E era ele quem mais falava! Mas isso não me surpreende mais; descobri que, se estou entediado, é provável que a pessoa falando também esteja. Em geral, significa que não falamos com vida; em vez de estar em contato com nossos sentimentos e necessidades na conversa, recaímos em hábitos socialmente adquiridos de nos chatear uns aos outros. Se você é um cidadão de classe média, já deve estar tão acostumado que nem percebe.

Eu me lembro do comediante Buddy Hackett dizendo que só quando foi para o Exército é que descobriu que conseguia terminar uma refeição sem azia. Ele estava tão acostumado com a comida da mãe que a azia tinha se tornado um estilo de vida. Da mesma forma, a maior parte da classe média está tão acostumada com o tédio que ele se tornou um modo de vida. Simplesmente nos reunimos e falamos o que nos passa pela cabeça; não há vida nisso, mas é a única coisa que conhecemos. Estamos mortos e não sabemos.

Quando o grupo todo usou a palavra, cada uma das nove pessoas expressou os mesmos sentimentos que eu: estavam impacientes, desestimuladas por estarmos lá, sem vida, inertes. Então uma das mulheres perguntou:

– Marshall, por que fazemos isso?

– Isso quê?

– Ficamos sentados chateando uns aos outros. Você só veio aqui hoje, mas nos reunimos toda semana para isso!

– Porque provavelmente não aprendemos a correr o risco que corri – respondi –, que é prestar atenção na nossa vitalidade. Estamos mesmo obtendo da vida o que queremos? Se não estivermos, vamos fazer alguma coisa para resolver. Cada momento é precioso, precioso demais. Então, quando nossa vitalidade cai, precisamos fazer alguma coisa e despertar.

"O que você quer de mim?"

PARTICIPANTE E: Marshall, às vezes, nós, mulheres, saímos de carro com nossos parceiros e, ao passar por um lugar, dizemos "Ah, que casa linda" ou "Veja aquele lago... Era lá que eu queria ir". Eles acham que têm de nos arranjar uma casa nova ou nos levar até o lago naquele mesmo instante, mas, embora falemos com entusiasmo, não estamos pedindo nada, só pensando em voz alta.

MARSHALL: Bom, quero defender os homens... e não só os homens. Quando dizemos alguma coisa sem indicar o que esperamos dos outros, criamos nos relacionamentos mais dor do que imaginamos. Os outros têm que adivinhar: "Será que ela quer que eu fale algo bonitinho e superficial sobre isso ou na verdade está tentando me dizer outra coisa?"

É como o cavalheiro sentado ao lado da esposa no trenzinho do aeroporto de Dallas que liga os terminais. Eu estava diante deles. Esse trem ia muito devagar e o homem se virou para a mulher, muito agitado, e disse: "Nunca vi um trem tão lento em toda a minha vida." Observe que isso é parecido com "Aquela casa não é interessante?" O que ela queria? O que ele quer? Ele não percebia a dimensão de dor que se cria na outra pessoa quando só fazemos um comentário e não deixamos explícito o que estamos esperando. É um jogo de adivinhação. Mas saber o que se quer com as palavras exige a consciência de viver o momento, de estar inteiramente presente no agora. E ele não disse nada além de "Nunca vi um trem tão lento em toda a minha vida".

Sentado bem diante deles, pude ver que ela estava pouco à vontade: alguém que ela ama sente dor e ela não sabe o que ele quer. E ela fez o que a maioria de nós faz quando não sabemos o que alguém quer de nós: não disse nada.

E ele fez o que a maioria de nós faz quando não consegue o que quer: repetiu-se, como se, magicamente, a repetição pudesse nos dar o que queremos. Não percebemos que isso só desliga o cérebro dos outros.

E ele disse de novo: "Nunca vi um trem tão lento em toda a minha vida!"

Adorei a resposta dela: "Eles são controlados eletronicamente." Acho que não era o que ele esperava. Por que ela lhe daria informações que ele já tinha? Porque tentava consertar, melhorar a situação. Não sabia o que fazer, e ele contribuíra com sua dor ao não lhe dizer o que queria.

Então o homem repetiu uma terceira vez: "Nunca vi um trem tão lento em toda a minha vida!" E ela disse: "E o que você quer que eu faça?"

O que ele queria é o que cada um de nós quer todos os dias e, quando não conseguimos, o impacto sobre nosso moral é grande. Queremos isso todo dia, geralmente mais de uma vez por dia, e, quando não conseguimos, pagamos caro. Na maioria das vezes, não temos consciência e, mesmo quando temos, não sabemos pedir. É trágico.

Tenho certeza de que ele queria empatia. Ele queria uma resposta que lhe dissesse que ela estava em contato com seus sentimentos e necessidades.

Se tivessem estudado a CNV, a conversa deles poderia ter sido assim:

MARIDO: Nossa, nunca vi um trem tão lento em toda a minha vida! Você pode repetir para mim agora mesmo o que estou sentindo e necessitando?

ESPOSA: Imagino que você esteja bastante irritado e gostaria que eles tivessem organizado esses trens de outra maneira.

MARIDO: Sim, e mais do que isso. Você sabe que, se não chegarmos a tempo, vamos nos atrasar e teremos que pagar mais caro pelas passagens.

ESPOSA: Então você está com medo e gostaria de chegar lá na hora para não termos que pagar mais.

MARIDO: É [suspiro].

Quando estamos sentindo dor, é valiosíssimo que outra pessoa também esteja em contato com ela. É espantoso como esse tipo de atenção faz diferença. Não resolve o problema, mas permite o tipo de conexão que torna mais suportável o processo de resolução do problema. Quando não a conseguimos, como aconteceu com ele, acabamos com mais dor do que antes.

Questões sobre comida

PARTICIPANTE F: Marshall, posso contar uma coisa que aconteceu ontem à noite? Eu me senti mal porque meu marido não poderia vir pela segunda vez ao workshop de casais. Cheguei em casa às 23h, e eram 23h05 quando ele ligou do hotel. Contei o que aconteceu na aula e o que ele perdeu – o grupo discutiu questões sobre comida, importantes para mim porque sou comedora compulsiva. Meu marido e eu chegamos ao ponto de ele não querer mais conversar comigo sobre isso por achar que eu estava me matando de tanto comer. Era tão doloroso para ele que não queria mais tocar no assunto.

Então lhe contei sua sugestão e o que tínhamos feito no workshop, e ele se abriu pela primeira vez em anos. Quando volta da escola para casa, ele toma um sorvete para lidar com as emoções depois de um dia ruim, e conseguimos realmente oferecer muita empatia um ao outro sobre o uso da comida para esconder a dor.

Então ontem à noite entrei em contato – em contato de verdade. Eu queria uma barra de Almond Mocha e imaginei o chocolate, as amêndoas e o recheio crocante por baixo. Em seguida pensei: "O que estou realmente procurando?" Amor! Foi como se uma lâmpada se acendesse dentro de minha cabeça: estou procurando amor.

MARSHALL: Você queria algum tipo de conexão com ele. E, no passado, sem saber como pedir essa conexão, ela pode ter assumido a forma de consumo de doces.

PARTICIPANTE F: É, foi fantástico! Conversamos durante uma hora pelo interurbano. Acho que foi um primeiro passo.

MARSHALL: Então, em duas noites seguidas, vocês tiveram uma conexão real! Agora temos que conseguir que você use a CNV consigo mesma para se afastar da ideia de que existe essa categoria de "comedores compulsivos". Não dá para dizer essas palavras porque não há julgamento na CNV. Lembre-se: todos os julgamentos são expressões trágicas de outras coisas. A CNV é um processo. Quando dizemos algo sobre nós, como "Sou um _____", esse é um pensamento estático que nos põe numa caixa e nos leva a criar profecias autorrealizáveis. Quando pensamos que nós (ou outra pessoa) *somos* algo, geralmente agimos de maneira a confirmar isso. Não existe verbo "ser" na CNV; não se pode dizer "Essa pessoa é preguiçosa", "Essa pessoa é normal", "Essa pessoa é correta". Vamos traduzir "comedor compulsivo" em CNV. Use as quatro coisas com que você já trabalhou hoje.

PARTICIPANTE F: "Sempre que como por necessidade de ser amada ou de me conectar..."

MARSHALL: Como me sinto?

PARTICIPANTE F: "Sinto que a comida me alivia de um jeito que..."

MARSHALL: "Eu me sinto desanimada..."?

PARTICIPANTE F: "Eu me sinto desanimada por não ter minhas necessidades satisfeitas."

MARSHALL: "Eu me sinto desestimulada porque quero ter clareza de quais são minhas necessidades para que eu possa atendê-las."

PARTICIPANTE F: Isso mesmo.

MARSHALL: "Então quero continuar fazendo o que fiz ontem à noite com Bill ao telefone. Agora, quando sentir essa ânsia, quero parar e me perguntar: 'Do que realmente necessito?'" Veja que traduzimos a condenação "Sou comedora compulsiva" em termos de como me sinto, quais são minhas necessidades não atendidas e o que fazer para resolver. É assim que usamos a CNV com nós mesmos.

"Quando como porque quero outra coisa..." Essa é a primeira parte, a observação do que ela se vê fazendo. Em segundo lugar, ela checa os próprios sentimentos. "Eu me sinto desanimada." Número três: "Minha necessidade não atendida é ter contato com o que realmente quero para que exista uma chance de conseguir." E, por fim, a quarta coisa é: "O que quero fazer com isso para realizar meu sonho mais maravilhoso?" Quando começo a sentir vontade de comer, paro e me pergunto: "Do que realmente necessito?" Então entro em contato com aquilo que de fato preciso.

Agora ela não pensa no que é; ela está mais em contato com um processo. Isso pode não resolver o problema, mas ela vai descobrir na prática, porque não está pensando no que é ou deixa de ser. Está pensando no que está sentindo e querendo e no que vai fazer a respeito disso. Como praticante da CNV, nunca pense em si como uma "pessoa de valor". Se o fizer, passará um bom tempo questionando se é uma "pessoa sem valor". Os praticantes da CNV não ficam pensando no tipo de pessoa que são; eles pensam momento a momento – não "O que sou?", mas "Qual é a vida que está acontecendo em mim neste momento?".

Descobrindo o que queremos

PARTICIPANTE G: Às vezes, começamos a fazer tudo nós mesmos e não temos ideia de como pode ser bom ter alguém que faça por nós.

Enquanto você falava com a Participante F, pensei que seria bom estar em contato com aquilo de que necessitamos. Às vezes, simplesmente não sei do que preciso e fico desanimada.

MARSHALL: A maioria de nós não sabe o que quer. Só depois de obtermos algo que nos bagunça a vida é que sabemos que não era aquilo que desejávamos. Eu digo que quero um sorvete, compro, tomo, depois me sinto péssimo e percebo que não era o que eu queria.

Para o praticante da CNV, a questão não é saber o certo e o errado. Usar a linguagem da vida exige coragem e que possamos escolher o que queremos com base mais na intuição do que no pensamento. É estar em contato com as necessidades não atendidas e decidir o que se quer fazer com elas.

PARTICIPANTE G: Acho que sou do tipo que faz muitas coisas.

MARSHALL: Você acabou de se rotular.

PARTICIPANTE G: Quis dizer que fico correndo de um lado para outro querendo me conectar com as pessoas e fazer alguma coisa por elas. Às vezes, encontro gente que não espera isso de mim, e é muito bom. Mas então começo a me perguntar se realmente gostariam de receber mais e só não me deixam entrar.

Quando os outros não querem receber

MARSHALL: Provavelmente isso acontece porque, durante a vida inteira, tiveram gente fazendo coisas por elas e depois mandando a conta. É assustador, e agora também não confiam em você. Não percebem que há outro tipo de doação, que há pessoas que doam de coração.

PARTICIPANTE G: Fico triste por não ter sido capaz de transmitir claramente que o que quero é doar de coração. Talvez eu pudesse dizer: "Fico triste pelo fato de você não me dar a oportunidade de me doar."

MARSHALL: Se parar por aí, voltaremos ao homem do trem.

PARTICIPANTE G: E se eu acrescentar "Estaria disposto a me dizer se quer me dar essa oportunidade?"?

MARSHALL: Tudo bem, fico contente por ter incluído essa parte. Você se sente triste porque gostaria muito da oportunidade de se doar, de fazer o outro receber e se sentir à vontade com sua dádiva.

PARTICIPANTE G: É, é bem simples.

Estamos discutindo?

PARTICIPANTE H: Eu me sinto frustrado quando tento conversar com minha namorada, porque ela me diz que não quer discutir. Toda vez que tento expressar meus sentimentos e necessidades, ela acha que estou brigando. Diz que não quer discutir na frente do filho, que está presente o tempo todo.

MARSHALL: Ah, sim, essa é difícil. Quando as pessoas acham que estamos tentando discutir, pensam que pretendemos vencer. É difícil convencê-las do contrário, porque quem tem mentalidade julgadora não faz ideia de que podemos expressar sentimentos e vontades sem que ninguém esteja errado.

PARTICIPANTE H: Mas o difícil é que ela acha que estou discutindo mesmo quando tento demonstrar empatia. Nas vezes em que tento adivinhar seus sentimentos e vontades, ela acha que isso é "discutir".

MARSHALL: Porque ela não quer que você a julgue. Ela teme que, se admitir o que você diz ou demonstrar vulnerabilidade, você possa agredi-la e lhe dizer que está errada por ter esses sentimentos e vontades.

PARTICIPANTE H: Bom, segundo ela, a razão para não querer mesmo lidar com esse tipo de coisa é que ela só quer as partes boas da vida, e não todas as outras coisas pesadas.

MARSHALL: Sim, a vida já é tão cheia de coisas desagradáveis que não há por que lidar com mais coisas desagradáveis.

PARTICIPANTE H: Pois é.

MARSHALL: Foi exatamente o que meu pai disse no primeiro workshop a que compareceu. É uma mensagem adorável, quando encaramos por esse ângulo. Mas, quando todos no grupo esclareceram que seria uma dádiva sentir a dor do próprio pai se ele conseguisse expressá-la – pensando em seus próprios sentimentos e necessidades como uma dádiva –, isso lhe deu um nó na cabeça. Desde essa época, ele passou por muitas mudanças radicais.

Sem dúvida, muita gente acha que falar sobre sentimentos dolorosos é uma experiência negativa e desagradável, porque a associam com acusações, punição e todo tipo de coisa. Não veem isso como parte de uma dança da CNV nem a beleza de poder falar sobre esses sentimentos. Quando escrevi a primeira edição do meu livro, fiz uma lista de sentimentos positivos e outra de sentimentos negativos. Então percebi que as pessoas acham que os sentimentos negativos são negativos. Como não era o que eu queria, na edição seguinte pus as palavras "positivo" e "negativo" entre aspas, mas parece que ainda não adiantou. Hoje, escrevo "sentimentos presentes quando nossas necessidades são atendidas" e "sentimentos presentes quando nossas necessidades não são atendidas" para mostrar que ambos são valiosos, porque ambos falam da vida.

Assim, temos algum trabalho a fazer para convencer sua namorada disso.

MARSHALL COMO NAMORADA: Olhe, não quero discutir. Já há coisas desagradáveis demais. Por que não podemos ter uma noite agradável assistindo à televisão e curtindo um ao outro?
PARTICIPANTE H COMO PRATICANTE DA CNV: Então você está se sentindo irritada...
MARSHALL COMO NAMORADA: Lá vai você de novo! Sempre falando de sentimentos!
PARTICIPANTE H COMO PARTICIPANTE H: [Silêncio.] Epa.
MARSHALL COMO MARSHALL: [Reagindo aos risos da plateia.] Então vocês gostam de ver esse cafajeste sofrer?
MARSHALL COMO NAMORADA: Não suporto quando você faz isso! [Então ela vai para outro cômodo e bate a porta.]
PARTICIPANTE H COMO PARTICIPANTE H: É mais provável que ela vomite um monte de palavras sobre mim e eu seja nocauteado. [Risos.]
MARSHALL: Tudo bem. Então você fica no lugar dela agora e diz isso.
MARSHALL COMO PRATICANTE DA CNV: Então você realmente quer conversar...
PARTICIPANTE H COMO NAMORADA: Pare! Pare! Não me venha com essas coisas porque não gosto.
MARSHALL COMO PRATICANTE DA CNV: Estou me sentindo muito desanimado porque...
PARTICIPANTE H COMO NAMORADA: Por que você não pode ser apenas aquele cara legal, aquele com quem gosto de me divertir? Vamos namorar e esquecer tudo isso!
MARSHALL COMO PRATICANTE DA CNV: Então você gostaria que nossa noite fosse leve e tranquila, só com diversão?
PARTICIPANTE H COMO NAMORADA: É.
MARSHALL COMO PRATICANTE DA CNV: Também gosto dessa parte de nosso relacionamento e acho que ela vem quando conseguimos lidar com

tudo que precisamos. Veja, quero rir todo o meu riso e chorar todas as minhas lágrimas, mas, se cortar metade fora, acho que a outra metade some também. Isso é importante. Pode me dizer o que ouviu?

PARTICIPANTE H COMO NAMORADA: Você está começando de novo com sentimentos e depressão. Não quero saber disso!

MARSHALL COMO PRATICANTE DA CNV: Então você tem mesmo medo de se conectar com esses sentimentos e prefere ficar longe deles?

PARTICIPANTE H COMO NAMORADA: É, e, além disso, não quero discutir hoje, com meu filho aqui.

MARSHALL COMO PRATICANTE DA CNV: Tem medo que a gente brigue?

PARTICIPANTE H COMO NAMORADA: Pare, por favor!

MARSHALL COMO PRATICANTE DA CNV: Como você se sentiria se a gente continuasse a conversar quando ele não estiver aqui?

PARTICIPANTE H COMO NAMORADA: Tudo bem. Pode vir almoçar comigo se quiser.

[No almoço.]

MARSHALL COMO PRATICANTE DA CNV: Gostaria de lhe mostrar que os sentimentos podem ser muito positivos, sejam quais forem.

PARTICIPANTE H COMO NAMORADA: Não quero ouvir essas coisas. Você andou indo àqueles workshops outra vez? [Risos.] Quero me concentrar nas partes positivas da vida. Não quero lidar com sentimentos difíceis. Só quero aproveitar o que é bom.

MARSHALL COMO PRATICANTE DA CNV: Você quer mesmo aproveitar a vida sem falar de coisas negativas?

PARTICIPANTE H COMO NAMORADA: É, não quero esse tipo de coisa na minha vida. Sabe o que aconteceu com Emily hoje? Ela foi buscar o filho e não o encontrou em lugar nenhum. Primeiro achou que ele tivesse voltado para casa com a vizinha. Mas aí ela encontrou um dos meninos, que lhe disse que vira o filho dela sair da escola na hora do almoço com um homem, um sujeito que ele nunca tinha visto. Bom, dá para imaginar como Emily ficou, ainda mais depois do que aconteceu com o filho da irmã dela dois anos atrás. Lembra? Acho que lhe contei da vez que a irmã veio visitar e...

MARSHALL COMO PRATICANTE DA CNV: Desculpe interromper. Está dizendo que é uma experiência assustadora ouvir que coisas assim acontecem?

MARSHALL COMO MARSHALL: Está vendo o que fiz? A namorada estava usando mais palavras do que eu queria ouvir e minha energia começou a diminuir. Então interrompi, no estilo da CNV, para me conectar com os sentimentos por trás das palavras dela naquele momento. Não estou tentando censurar a outra pessoa, mas trazer a vida de volta à conversa. Como mencionei, meu palpite é que, se estou entediado, o outro também está, e esse seria um favor tanto para ele quanto para mim.

MARSHALL COMO PRATICANTE DA CNV: Está me dizendo que foi uma experiência assustadora para você?

PARTICIPANTE H COMO NAMORADA: É, ele pode sair correndo na rua e...

MARSHALL COMO PRATICANTE DA CNV: Você fica muito assustada ao ver como estamos perto de perder a vida a qualquer momento.

PARTICIPANTE H COMO NAMORADA: Não comece com isso outra vez. Ele só estava na rua, e aí a mãe foi atrás dele de novo...

MARSHALL COMO PRATICANTE DA CNV: Desculpe, desculpe interromper. Estou ficando muito impaciente porque não estou conseguindo obter de nossa conversa a conexão que eu gostaria.

PARTICIPANTE H COMO NAMORADA: Tudo bem, mas tenho mesmo que ir. Preciso buscar meu filho agora. O horário da escola vai...

MARSHALL COMO PRATICANTE DA CNV: Gostaria que você me dissesse se tem algum interesse em continuar nosso relacionamento.

PARTICIPANTE H COMO NAMORADA: Claro, você sabe que eu te amo de verdade e quero ficar com você.

MARSHALL COMO PRATICANTE DA CNV: Na verdade, não sei como continuar nosso relacionamento, porque há certas coisas de que necessito e não estou obtendo, como a possibilidade de falar de determinados sentimentos. Se isso for diferente do que você quer num relacionamento, então eu gostaria de deixar isso claro para podermos terminar à moda da CNV.

PARTICIPANTE H COMO NAMORADA: [De repente falando em CNV.] Então você está frustrado porque quer expressar seus sentimentos e necessidades?

MARSHALL COMO PRATICANTE DA CNV: É o que quero, mas não sei até que ponto você necessita estar num relacionamento pessoal.

MARSHALL COMO MARSHALL: Há pessoas que preferem manter as coisas nesse nível, e elas têm o direito de encontrar alguém que opte por ficar lá com elas. Mas nunca encontrei alguém que de fato desejasse. Em geral, essas pessoas têm a ideia errônea de que quero que façam associações com coisas dolorosas do passado. Em geral, consigo lhes mostrar a diferença entre o que acham que estou dizendo e o que estou realmente dizendo. Com essa namorada específica, eu teria que ser muito esperto para conseguir, porque ela não estava me dando muito espaço.

Ouvindo um não

PARTICIPANTE I: Sei que a CNV tem a ver com perceber minhas necessidades e pedir o que quero, mas isso não funciona com meu namorado. Se começo a dizer o que quero, ele só fica muito zangado e de mau humor. Então peço que se comporte de maneira decente ou apenas desejo que nem tivesse mencionado nada daquilo.

MARSHALL: É espantoso como ouvir essa palavra transforma pessoas em feras. Agridem a si mesmas e agridem quem falou. E é uma palavra bem pequena – só três letras. Alguém consegue adivinhar qual é a palavra?

PLATEIA: *Não!*

MARSHALL: Isso. É espantoso que as pessoas fiquem tão assustadas com essa palavra que deixam de pedir o que querem, por medo de que o outro diga não. Afirmo que não é o *não* que as incomoda, e elas respondem: "É, sim, tenho muito medo de ouvir isso." O problema nunca é o *não*, e sim o que comunicamos a nós mesmos quando o outro diz não. Se dissermos a nós mesmos que se trata de uma rejeição, isso é um problema, porque dói. Rejeição. Eca! É claro que, se colocarmos as orelhas da CNV, nunca ouviremos um *não*. Perceberemos apenas que o *não* é uma expressão desajeitada do que a pessoa quer. Assim, não ouvimos a confusão; só ouvimos o querer. Isso exige prática.

MARSHALL PARA A PARTICIPANTE I: E como esse namorado lhe diz não?

PARTICIPANTE I: Bom, pedi uma coisa e ele disse: "*Não!*" Aí eu falei...

MARSHALL: Com esse tipo de energia, já sabemos qual é o problema. Ele ouviu o quê, pessoal?

PARTICIPANTES: Exigência.

MARSHALL: Ele ouviu uma exigência. Sempre que dizem *não* dessa maneira, as pessoas estão morrendo de medo de que sua autonomia seja tirada delas. Têm pavor de que, se realmente ouvirem o que o outro quer, sejam sugadas e tenham que fazer aquilo, quer queiram, quer não. Assim, quando as pessoas dizem *não* dessa maneira, sabemos que não ouviram nosso pedido. Não tem nada a ver conosco; obviamente, não é uma rejeição, porque elas nem ouviram o pedido – só ouviram uma exigência.

PARTICIPANTE I: Aí, nesse momento tentei enxergar o que ele estava sentindo, e ele disse: "Só quero que você entenda de uma vez. Não quero entrar nesse jogo nem sou obrigado a fazer isso. Quero apenas que você aceite o fato de que a resposta é não."

MARSHALL COMO NAMORADO: Apenas perceba como estou apavorado com a ideia de que possam tirar de mim a minha autonomia.

MARSHALL COMO MARSHALL: Para nós, é muito precioso sermos capazes de fazer as coisas quando decidimos, e não porque alguém que amamos quer ou vai dar um ataque ou não vai parar de falar até fazermos. As pessoas têm muito medo de passar grande parte da vida tendo que doar sem ser de coração. E ficam muito reativas. Ele diz: "Aceite de uma vez! Entenda. Não quero fazer isso hoje. Preciso proteger a minha autonomia." Pelo tom de voz de seu namorado, quando diz "Quero apenas que você aceite", ele tem um grave caso de "enjoo da dependência" e "depressão dos ainda sem autonomia". E o que você lhe diz em seguida?

PARTICIPANTE I: Só rolei para o lado e dormi. [Risos.] Bom, eu meio que gritei e berrei: "Não, não e não!" Fiquei zangada, feroz mesmo, e disse: "Estou irritadíssima." E ele: "Ah, que bom, você está viva." [Risos.] Então se calou.

MARSHALL: Você sabe que ele estava assustado de verdade. Ele sentiu que não consegue se proteger de você. Você ficou muito tensa e ele sabe recuar e se proteger.

PARTICIPANTE I: O que posso fazer nesse caso? Só cuidar de mim [dar empatia a mim mesma]?

MARSHALL: É claro que o mais importante é que você não pense que isso tem algo a ver com você.

PARTICIPANTE I: É, até aí, tudo bem.

MARSHALL: Então, isso é o melhor que consigo fazer numa situação em que alguém diz não às minhas necessidades: não achar que há algo errado com elas. Preciso trabalhar muito depressa, porque, com essa dor e intensidade, eu poderia cometer o erro de achar que há algo de errado com as minhas necessidades, já que elas conseguem assustar tanto outra pessoa.

PARTICIPANTE I: Bom, eu teria gostado de ter ouvido o que ele queria.

MARSHALL: Ele está ocupado protegendo a própria autonomia – é isso que ele quer. Ele precisa de espaço só para se sentir seguro no relacionamento, para saber que não será sugado para dentro de alguma coisa antes de estar pronto.

PARTICIPANTE I: Então posso me dar empatia em silêncio. Ficar calada.

MARSHALL: Isso. Só tenha consciência de que, se ele for como a maioria dos homens – se minha mulher tiver razão –, precisará de umas três encarnações para superar isso. [Risos.]

Enquanto isso, arranje algumas amigas e não se irrite. Certa vez minha mulher disse a melhor frase que já ouvi: "Você conseguiria ler exigências numa pedra." [Risos.] Eu falei: "Eu me declaro culpado."

Quer ouvir isso?

PARTICIPANTE I: Quando ele tem essas crises de "enjoo da dependência" e "depressão dos ainda sem autonomia", fico desesperada porque quero que ele saiba que, na verdade, não posso obrigá-lo a fazer nada e ele nem sequer precisa se preocupar com isso. Se ele confiasse nisso, nos divertiríamos muito mais. Ouviu qual é minha dor?

MARSHALL: Só quando perceber que você consegue sentir total empatia pelo modo como o assusta estar num relacionamento íntimo – e isso pode levar muito tempo –, ele talvez seja capaz de começar a entender como é frustrante para você ter necessidades e não poder expressá-las sem que ele as interprete como exigências.

PARTICIPANTE I: Há algum modo efetivo de eu lhe transmitir quão intensamente quero que ele entenda que não posso obrigá-lo a fazer nada?

MARSHALL: Você pode tentar. Essa pessoa ouvirá tudo como exigência, até – ou principalmente – seu silêncio. Quem sabe você possa se divertir um pouco gritando. Se mantiver suas necessidades escondidas aí dentro, ele carregará isso como um fardo pesadíssimo. Gritar o que você tem a dizer alguns milhares de vezes pode fazê-lo entender.

PARTICIPANTE I: Eu estava com medo de fazer o trabalho interior sozinha sem dizer nada a ele porque ele pode pensar que estou evitando a questão.

MARSHALL: Sim, é muito doloroso não ser capaz de expressar nossas necessidades. Não há nada errado em gritar: "Gostaria que você me dissesse o que tenho que fazer ou dizer para você saber que jamais quero colocá-lo numa situação dolorosa." E demonstrar empatia pelo medo que ele pode estar sentindo por ter crescido numa família em que lhe disseram que estava errado. Ele passou por todo tipo de joguinho e precisa de bastante tempo e paciência para adquirir essa confiança. Não acho que isso vá acontecer só porque você lhe diz que nunca vai obrigá-lo a fazer nada. Ele precisa de muita empatia, graças ao susto que levou com as experiências anteriores.

Expressando sentimentos e necessidades

MARSHALL: Quem tem mais um?

PARTICIPANTE J: Foi um telefonema do meu namorado. Ele disse: "Oi, não posso ir aí hoje. As aulas da minha filha vão acabar às 13h30 e queria passar um tempo de qualidade com você, mas vou ficar nervoso se nos encontrarmos."

MARSHALL: E o que você disse?

PARTICIPANTE J: Consegui identificar meus sentimentos. "Sinto dor no coração", foi o que respondi.

MARSHALL: "Sinto dor no coração."

PARTICIPANTE J: É, mas não fui capaz de identificar minhas necessidades.

MARSHALL: Você não foi capaz de dizer quais eram suas necessidades e seu timing fez parecer uma crítica. Essa pessoa precisa de empatia, e a primeira coisa que ouve é sobre "a dor no coração". Portanto, já temos aqui uma bela briga iminente.

PARTICIPANTE J: Quando eu disse que estava com dor no coração, ele perguntou: "Por quê?"

MARSHALL: Já perguntei a pessoas de vários países: "Quais são as mensagens mais difíceis de ouvir e continuar se sentindo realmente seguro?" Os porquês estão no topo da lista. Se quiser mesmo assustar alguém, pergunte "Por quê?". "Por quê?"

PARTICIPANTE J: Eu não disse nada. Então ele listou toda uma série de outras razões para não poder vir.

MARSHALL: Pobre suicida. Ele não percebe que, quando tenta explicar e justificar, isso apenas soa como um ataque. E aí?

PARTICIPANTE J: Eu disse: "Estou com dor no coração e tenho que pensar sobre isso." Aí pensei: "Vou ligar para um dos meus amigos da CNV."

MARSHALL: Ah, essa é uma coisa inteligente a fazer! Tudo bem. Então, se entendi, você realmente queria estar com essa pessoa.

PARTICIPANTE J: É.

MARSHALL: E as necessidades dessa pessoa estavam em conflito com as suas.

Essa pessoa dizia: "Tenho outras necessidades agora em vez de atender às suas."

PARTICIPANTE J: Exato, e, em termos racionais, eu conseguia entender, mas no coração...

MARSHALL: Na cabeça você conseguia entender, mas sentiu dor no coração porque ouviu o quê?

PARTICIPANTE J: Ouvi: "Não quero estar com você."

MARSHALL: Isso, você ouviu uma rejeição. Esse é o modo de tornar a vida péssima. Quando as necessidades de alguém entram em conflito com as nossas e o outro diz "Agora gostaria de fazer outra coisa, e não de atender às suas necessidades", você ouve como "Não quero estar com você". Você usa uma linguagem mais bonita e diz estar com "dor no coração". Tenho que confessar, sou famoso por usar orelhas julgadoras quando ouço um *não*. É dificílimo pôr as orelhas da CNV quando ouvimos *não*.

Mas, por favor, vamos aprender a colocar as orelhas da CNV nessa situação, porque isso pode nos poupar muito sofrimento. Quando interpretamos como rejeição o fato de as necessidades do outro serem diferentes das nossas, logo seremos rejeitados. Quem quer estar perto de quem se sente rejeitado toda vez que há um conflito de necessidades? Isso se torna pesado demais, e bem depressa. Portanto, a menos que aprendamos a usar as orelhas da CNV, acabaremos afastando a outra pessoa. Percebo que nem sempre é fácil, mas precisamos aprender a fazer isso. [Marshall põe um par de orelhas peludas da CNV. O público dá risadinhas. Ele responde ao riso dizendo:] Estou muito magoado. [Mais risos.]

PARTICIPANTE J: Então suas orelhas não estão funcionando. [Muito mais risos.]

MARSHALL: É, estas orelhas estão com defeito, claro. Preciso arranjar outro par.

Agora, assim que ponho essas orelhas, ocorre um milagre: a rejeição some da face da Terra. Jamais ouço *não*. Jamais ouço *não quero*. Julgamentos e críticas desaparecem. Só ouço a verdade, que, para o adepto da CNV, é a seguinte: "Tudo que os outros expressam são seus sentimentos e necessidades. As únicas coisas que as pessoas dizem, não importa como se expressam, são como estão e o que gostariam de fazer para tornar a vida ainda melhor. Quando dizem *não*, esse é só um jeito ruim de nos informar o que realmente querem. Não queremos piorar a situação ouvindo rejeições; então ouvimos o que elas querem."

Alguns de vocês me ouviram falar da mulher que disse ao marido: "Não quero que você passe tanto tempo no trabalho." Depois ela ficou furiosa quando ele se inscreveu numa equipe de boliche. [Risos.] Ela lhe disse o que não queria e ele não estava usando as orelhas da CNV. Não sabia ouvir o que ela queria. É claro que teria sido mais fácil se ela tivesse dito o que queria. Se ele estivesse com as orelhas da CNV, quando ela dissesse "Não quero que você passe tanto tempo no trabalho", ele perguntaria:

MARIDO: Ah, então você está preocupada com meu bem-estar e quer que eu me divirta mais?
ESPOSA: Não é isso. Nos últimos seis meses, você só passou duas noites em casa comigo e com as crianças.
MARIDO: Ah, então, na verdade, você está decepcionada com o pouco tempo que passamos juntos e gostaria que eu passasse pelo menos uma noite por semana com você e as crianças?
ESPOSA: Exatamente.

Vejam, com as orelhas da CNV nunca ouvimos o que os outros não querem. Tentamos ajudá-los a ter clareza sobre o que querem. Apenas ser claros sobre o que não queremos pode ser perigoso e nos meter em todo tipo de confusão.

Quando somos claros sobre o que queremos dos outros, principalmente sobre as motivações que desejamos que eles tenham para fazer alguma coisa, fica evidente que nunca conseguiremos satisfazer nossas necessidades com ameaças ou medidas punitivas. Podemos ser pais, professores, o que for, mas nunca atenderemos às nossas necessidades com punições. Ninguém com um mínimo de consciência vai querer que o outro lhe faça alguma coisa por medo, culpa ou vergonha. Levamos a CNV a sério o suficiente para enxergar o futuro e ver que, toda vez que alguém faz alguma coisa por medo, culpa ou vergonha, todo mundo sai perdendo. Assim, precisamos colocar as orelhas da CNV agora e oferecer a essa pessoa alguma empatia. Vamos tentar de novo.

MARSHALL COMO NAMORADO: Tenho um conflito real. Adoraria ficar com você quando puder estar realmente presente e lhe dar toda a minha atenção, mas hoje preciso dividir minha atenção com minha filha.

PARTICIPANTE J: Quer que eu seja uma praticante da CNV?

MARSHALL COMO MARSHALL: Isso. Ponha essas orelhas. [Ele entrega à Participante J um par de orelhas da CNV, que ela põe.]

PARTICIPANTE J COMO PRATICANTE DA CNV: Estou muito decepcionada.

MARSHALL: Não, não. Essa pobre pessoa precisa de empatia.

PARTICIPANTE J COMO PRATICANTE DA CNV: Então na verdade você gostaria de passar um tempo de qualidade comigo quando puder estar por inteiro e sem distrações em minha presença. Mas hoje você precisa cuidar da sua filha porque ela vai sair mais cedo da escola. Certo?

MARSHALL COMO NAMORADO: Isso, obrigado pela empatia. Sabe, tenho muito medo de que, se não satisfizer sempre as necessidades da pessoa que é importante para mim, ela entenda isso como rejeição e eu acabe sendo rejeitado e abandonado. Por isso, é horrível para mim lhe dizer que minhas necessidades estão em conflito com as suas. Já tive experiências terríveis desse tipo; acho que, quando não faço o que os outros querem, não recebo o amor que quero. É simplesmente assustador para mim lhe dizer que minhas necessidades estão em conflito com as suas. Tive medo de que você interpretasse como "Não quero estar com você".

PARTICIPANTE J COMO PRATICANTE DA CNV: Quer mais um pouco de empatia?

MARSHALL COMO NAMORADO: Sim, quero mais um pouco de empatia.

PARTICIPANTE J COMO PRATICANTE DA CNV: Acho que você ficou com medo de não conseguir passar um tempo comigo hoje porque sente necessidade de cuidar da sua filha. E teme que, por me dizer isso, eu vá pensar que você não quer ficar comigo. No passado, você passou por muitas ocasiões e experiências em que quis satisfazer as necessidades de outras pessoas importantes para você, mas, quando houve um conflito ou você não conseguiu, elas entenderam que você não queria ficar com elas. Quando se sentiram rejeitadas, elas o puniram, então você sentiu culpa e vergonha. Elas o julgaram e você se sentiu ainda mais culpado e assustado.

MARSHALL COMO NAMORADO: Isso, isso. É tão bom receber essa empatia... Que filha, que nada, estou indo para aí! [Risos e aplausos.] Agora posso até ouvi-la me contar sobre sua dor no coração, porque recebi minha empatia primeiro.

PARTICIPANTE J COMO PRATICANTE DA CNV: Fico me perguntando se você gostaria de ouvir como estou me sentindo com tudo isso.

MARSHALL COMO NAMORADO: Claro, gostaria de ouvir como você está se sentindo.

PARTICIPANTE J COMO PRATICANTE DA CNV: Estou me sentindo bem decepcionada.

MARSHALL COMO NAMORADO: Ah, sinto muito. Não queria desapontá-la.

MARSHALL COMO MARSHALL: Ora, vejam só. Ele aprendeu a ter essa tendência suicida de assumir a responsabilidade pelos sentimentos dos outros. Assim que ela disse que estava decepcionada, ele entrou em alerta. Sem a CNV, ao ouvir que alguém está sofrendo, as pessoas sentem imediatamente que fizeram algo errado e que, agora, precisam resolver. Assim, fazem a primeira coisa que quem não conhece a CNV faz: pedir desculpas. Você sabe que há um julgamento a caminho assim que ouve essas palavras: "Sinto muito." Então ele repete toda uma série de justificativas que você não quer ouvir para explicar por que é tão importante para ele estar com a filha hoje, deixando você com todo esse sofrimento sem receber nenhuma empatia.

MARSHALL COMO NAMORADO: Sinto muito, não queria decepcioná-la, mas este é o único dia, blá-blá-blá, desculpas, desculpas, justificativas *et cœtera*. Ufa! [Risos.]

PARTICIPANTE J COMO PARTICIPANTE J: Está na hora da empatia?

MARSHALL COMO MARSHALL: Não, grite em CNV! Você lhe deu empatia; agora receba-a de volta.

PARTICIPANTE J COMO PRATICANTE DA CNV: Tudo bem. Bom, tenho necessidade de dividir meus sentimentos com você agora mesmo.

MARSHALL COMO NAMORADO: Sim, é importante que faça isso.

PARTICIPANTE J COMO PRATICANTE DA CNV: O que eu gostaria de fazer agora é lhe dizer o que estou sentindo. Quando eu terminar, talvez você possa repetir o que eu disse.

MARSHALL COMO NAMORADO: Ah, claro, tenho um péssimo hábito: não escuto muito bem. Nunca fui capaz de escutar muito bem. Minha mãe também não era boa ouvinte e, hã, você sabe... [Risos.]

PARTICIPANTE J COMO PARTICIPANTE J: Da próxima vez falarei com a mãe dele?

MARSHALL COMO MARSHALL: Não, apenas grite em CNV.

PARTICIPANTE J COMO PRATICANTE DA CNV: Ouço que você está sofrendo com isso.
MARSHALL COMO MARSHALL: Não, não lhe dê toda essa empatia, só grite em CNV.
PARTICIPANTE J COMO PRATICANTE DA CNV: Tenho necessidade de dividir com você meus sentimentos e necessidades a respeito disso e gostaria muito que você escutasse o que tenho a dizer. E depois gostaria que você me contasse o que eu disse. Tudo bem?
MARSHALL COMO NAMORADO: Tudo bem. [Marshall dá de ombros e revira os olhos. O público ri.]
PARTICIPANTE J COMO PARTICIPANTE J: Você conversou com ele antes? [Mais risos.]
MARSHALL COMO MARSHALL: Acertei até a expressão dele!
PARTICIPANTE J COMO PRATICANTE DA CNV: Fico muito decepcionada quando ouço que você não será capaz de passar o dia comigo.
MARSHALL COMO NAMORADO: É, mas...
MARSHALL REPRESENTANDO UM INSTRUTOR DE CNV COM O NAMORADO: Shhh, apenas escute.
MARSHALL COMO MARSHALL: Às vezes a gente precisa de um instrutor de CNV de emergência para ajudar.
PARTICIPANTE J COMO PRATICANTE DA CNV: Eu estava realmente na expectativa de passar o dia com você porque gosto muito da sua companhia e tinha necessidade de vê-lo.
[Marshall encena o diálogo entre o fantoche julgador (namorado) e o fantoche da CNV (instrutor).]

> INSTRUTOR DE CNV: Consegue repetir para ela o que ela disse?
> NAMORADO: Claro, entendo como ela se sente.
> INSTRUTOR DE CNV: Pode então dizer o que ela sente?
> NAMORADO: Não, ela está certa. Ela tem todo o direito de se sentir assim. Tive uma atitude péssima. Nunca deveria ter prometido se sabia que talvez não conseguisse cumprir. Foi terrível. Eu me sinto superculpado.
> INSTRUTOR DE CNV: Percebe que, quando ouve o que ela disse como se fosse um julgamento, isso é outra agressão a ela?
> NAMORADO: Hein?

INSTRUTOR DE CNV: Quando você ouve o que outra pessoa diz como se significasse que você fez algo errado, essa é outra agressão à pessoa, porque, além de ela não receber a compreensão de que necessita, também fica com a sensação de que a franqueza dela cria problemas para você. Será mais difícil para ela ser franca no futuro se, ao tentar lhe dizer o que está acontecendo com ela, você ficar achando que fez algo errado.

NAMORADO: Mas não estou usando as orelhas da CNV; só consigo ouvir que fiz algo errado.

INSTRUTOR DE CNV: Quer orelhas da CNV?

NAMORADO: Quero! [Risos quando Marshall põe orelhas da CNV no fantoche do namorado julgador.]

NAMORADO: Então você está mesmo se sentindo decepcionada porque eu...

INSTRUTOR DE CNV: Não, você não pôs as orelhas direito. Não, ela não está se sentindo decepcionada *por causa* disso ou daquilo. Pare de assumir a responsabilidade pelos sentimentos dela. Apenas ouça o que está acontecendo com ela.

MARSHALL COMO NAMORADO COM ORELHAS DA CNV: Então você está decepcionada porque esperava por isso e queria muito passar esse tempo comigo.

PARTICIPANTE J COMO PRATICANTE DA CNV: Isso!

MARSHALL COMO NAMORADO: [Ouvindo com as novas orelhas da CNV.] É algo que você esperava muito.

PARTICIPANTE J COMO PRATICANTE DA CNV: É. Gostei muito de ouvir você dizer isso!

MARSHALL COMO NAMORADO: É muito bom quando você recebe essa empatia, não é?

PARTICIPANTE J COMO PRATICANTE DA CNV: Sim, me faz muito bem.

MARSHALL COMO NAMORADO: E você não quer que eu me sinta um verme?

PARTICIPANTE J COMO PRATICANTE DA CNV: Não, não quero que você se sinta um verme.

MARSHALL COMO NAMORADO: Você só precisava dessa empatia.

PARTICIPANTE J COMO PRATICANTE DA CNV: É!

MARSHALL COMO NAMORADO: E isso é tudo que tenho que fazer?

PARTICIPANTE J COMO PRATICANTE DA CNV: [Com uma voz mais suave.] É, e estou muito agradecida a você por ouvir isso.

MARSHALL COMO NAMORADO: Espantoso! Sempre achei que tinha que fazer tudo que as pessoas quisessem para ser amado. A ideia de que os outros só querem minha empatia e minha franqueza... é extraordinária! Obrigado por ficar comigo. Tentarei manter estas orelhas o tempo todo.

PARTICIPANTE J COMO PRATICANTE DA CNV: Eu bem que gostaria!

MARSHALL COMO MARSHALL: A primeira coisa a fazer quando começamos a ficar zangados ou na defensiva é reconhecer que não ouvimos a outra pessoa. O que nos tira dessas brigas é nossa consciência. Se ouvirmos qualquer coisa que não seja uma dádiva na mensagem do outro, então não ouvimos a pessoa. É preciso notar que suas orelhas da CNV caíram. A raiva é uma pista maravilhosa; é como um toque de despertar para o praticante da CNV. Assim que fico zangado, na defensiva ou escuto um ataque ou uma exigência, sei que não ouvi a outra pessoa. Em vez de me conectar com o que está acontecendo com o outro, estou dentro da minha cabeça, julgando, achando que o outro está errado em alguma coisa. Quando uso a CNV, sei me calar o mais depressa possível, pôr as orelhas da CNV e escutar a mim mesmo. Eu já me magoei quando usei as orelhas julgadoras. Então como faço isso?

Escuto a mim mesmo. Ofereço empatia a mim mesmo. Vejo quanta dor criei para mim quando pus minhas orelhas julgadoras e ouvi tudo aquilo. Ao notar que isso aconteceu, me calo e aprecio o espetáculo que se apresenta na minha cabeça. É como assistir a um filme. [Risos.]

Reconforto

PARTICIPANTE K: Preciso saber a diferença entre mostrar empatia dizendo "Parece que você está assustado e precisa de reconforto" e de fato reconfortar a pessoa. E se o outro disser "Sim, necessito de reconforto"?

MARSHALL: Se o outro disser que quer reconforto e eu puder reconfortá-lo de boa vontade, não há problema algum. O problema é dar esse reconforto quando ele quer empatia. Por exemplo, certa vez minha filha mais velha se olhava no espelho e disse: "Estou feia como um porco." Eu retruquei: "Você é a criatura mais linda que Deus já colocou na face da Terra." Ela exclamou "Papai!", saiu correndo e bateu a porta. Eu estava fazendo um juízo. Ela queria empatia, mas, para satisfazer minha própria necessidade, tentei corrigi-la.

O que fiz? Fui para outro cômodo depois de me condenar um pouquinho, dizendo: "Você prega sobre isso todos os dias do ano e, quando pode aplicar, esquece. Você esquece o conselho de Buda: 'Não corrija, apenas fique aí'." Depois disso, fui até ela e falei:

> MARSHALL: Estou achando que você precisava ouvir que está desapontada com a própria aparência, não ser reconfortada.
> FILHA: É isso mesmo. Você vive tentando consertar tudo. [Risos.]
> MARSHALL: Eu me declaro culpado.

Falar sobre certas coisas em público

PARTICIPANTE L: Às vezes, sinto que estou tomando conta dos sentimentos do meu parceiro. No passado, houve algumas ocasiões em que contei algo que ele considerava privado ou pessoal demais a outro casal ou a um grupo de pessoas. Desde então, entendi a diferença entre as coisas dele e as minhas, mas às vezes há uma linha tênue entre o que posso ou não dizer. E gostaria de saber, quando estamos num grupo, se seria apropriado – e não um sinal de "codependência" – lhe perguntar "Tudo bem se eu falar sobre isso?". Às vezes, quando pergunto e ele diz que não ou quando diz que eu não deveria ter falado nada, fico zangada e me sinto censurada. Entende minha pergunta?

MARSHALL: Acho que sim. Vejamos. Você está dizendo que às vezes não fica claro para você se seu companheiro se sente à vontade ou não quando você fala sobre determinadas coisas com outras pessoas.

PARTICIPANTE L: É.

MARSHALL: Você fez sua pergunta de uma forma que não é CNV e está seguindo numa direção perigosa. Eu a limpei para você e a traduzi para a CNV. No livro *The Revolution in Psychiatry* (Revolução na psiquiatria, em tradução livre), o antropólogo Ernest Becker sugeriu que a depressão resulta de alternativas cognitivamente paralisadas. Ele queria dizer que, fazendo perguntas como a que você fez, enchemos a cabeça de questões impossíveis de responder: "Tudo bem?", "É adequado?". Em geral, essas perguntas não podem ser respondidas e acabamos ficando tontos. Observe que traduzi essas perguntas. Você está afirmando que às vezes seu parceiro fica pouco à vontade com algumas coisas que você diz. Isso não significa que não seja correto falar essas coisas. Nem que seja inadequado. Só quer dizer que ele não gosta. Você está apenas perguntando a seu parceiro: "Não sei direito quais são essas coisas. Pode me dar um exemplo do que gostaria ou não que eu dissesse?"

MARSHALL COMO PARCEIRO: Bom, obviamente não quero que você diga coisas inadequadas aos outros. [Risos.]

MARSHALL COMO MARSHALL: Precisamos ter clareza sobre a diferença entre escravidão emocional, desagrado e libertação. A escravidão emocional é a que está mais distante da CNV; é quando as pessoas pensam que têm que fazer tudo que os outros acham adequado, correto, normal. Essas pessoas passam a vida inteira pensando que têm que agradar aos outros e adivinhar o que acham adequado. É uma carga pesada. Por exemplo, alguém volta para casa aborrecido com alguma coisa; não importa o que seja.

PARCEIRO: Estou desanimado com tudo.

PESSOA JULGADORA: Ah, aqui, tome esta canja de galinha.

MARSHALL: Entende? Não importa o que seja. Assim que a pessoa sofre, o outro pensa que tem que sair correndo e cuidar dela. Então esse outro vem a um workshop de CNV, onde talvez eu não seja totalmente coerente ao explicar que não somos responsáveis pelos sentimentos dos outros – não consigo deixar claro pelo que realmente somos responsáveis. E aí, ao voltar para casa, quando o parceiro diz "Ainda estou angustiado com A", ele responde: "Problema seu; não sou responsável pelos seus sentimentos." [Risos.]

PARCEIRO: Onde você aprendeu isso?

PARTICIPANTE DA CNV: Num workshop de CNV.

PARCEIRO: Vou matar essa gente!

MARSHALL: O conceito da CNV é: não, não somos responsáveis pelos sentimentos dos outros, mas temos consciência de que não precisamos ficar nos rebelando contra eles, dizendo coisas como "Não sou responsável pelos seus sentimentos". Podemos apenas ouvir o que estão sentindo sem perder nosso centro. Podemos ouvir o que querem e lhes oferecer empatia, mas não temos que fazer o que querem. Deixamos claro que necessitamos de empatia, não que eles abram mão de alguma coisa ou cedam. Ouvir e respeitar o que precisam não significa que tenhamos que fazer o que pedem.

Isso responde à sua pergunta ou me perdi? Você precisa ter muita clareza sobre o que precisa. Sem a CNV, dizemos "Será que posso?", "Tudo bem?". Os praticantes da CNV nunca querem a aprovação dos outros, nunca cedem esse poder nem querem que os outros lhes digam o que fazer.

O que dizemos na CNV é: "Eis o que quero. Gostaria de saber sua posição em relação a isso. Quero conhecer suas necessidades tão bem quanto as minhas, não que eu vá abrir mão das minhas ou ceder ao ouvir as suas. Tenho consciência de que não posso me beneficiar às suas custas. Suas necessidades são tão importantes para mim quanto as minhas. E tenho clareza de que isso não significa que eu tenha que abrir mão das minhas."

Perto de você, fico perdido

PARTICIPANTE M: Está pronto para mais uma? Ela disse: "Não posso ter um relacionamento duradouro. Perto de você, fico perdida. Não tenho maturidade emocional suficiente. Agora consigo ver que estava fora de mim quando me envolvi e concordei com sua vontade de ter um relacionamento duradouro. Havia algo errado em mim que me levou a pensar que eu poderia me apaixonar tão depressa." Eu lhe disse: "Ainda gostaria de ser seu amigo." E ela respondeu: "Não sei o que dizer."

MARSHALL: Sim, sim. Ensinaram a essa pessoa conceitos de amor contrários à CNV, como: "Quando amar alguém de verdade, você negará suas necessidades e cuidará do outro." Assim que entram num relacionamento íntimo, um relacionamento amoroso, essas pessoas se tornam julgadoras. Até então, eram adoráveis, maravilhosas. E são os juízes mais perigosos, porque na verdade estão travestidas de CNV. [Risos.] Entende? No primeiro estágio do relacionamento, elas doam de coração; têm prazer em doar. É fácil; não pensam nisso até ultrapassar o limite.

Qual é o limite? É quando as pessoas ficam com medo de terem "assumido um compromisso". Se quiser mesmo matá-las de medo, fale sobre compromisso ou use a palavra *sério*. Assim que pensarem que é um "relacionamento sério" ou aparecer a palavra *amor* – "Amo essa pessoa" –, você estará liquidado. No momento em que definem a relação como séria, elas passam a se sentir responsáveis pelos sentimentos do outro. Para demonstrar amor, devem negar a si mesmas e fazer tudo pelo outro.

É isso que acontece quando alguém diz: "Quando estou num relacionamento com você, me perco. Não aguento. Vejo sua dor e fico perdido, preciso me afastar disso tudo." Pelo menos essa pessoa está assumindo a responsabilidade pela situação. Num nível mais primitivo, poderia ter jogado toda a culpa sobre você: "Você é dependente demais. É carente demais." Isso é muito perturbador. Essas pessoas não percebem a própria dinâmica interior.

MARSHALL COMO PARCEIRA: Tenho muito medo de estar num relacionamento porque acabo me fechando. Quando vejo que você tem alguma dor ou necessidade, não consigo lhe contar a dor que sinto e parece que estou numa prisão. Sinto-me sufocada e tenho que sair do relacionamento o mais depressa possível.

MARSHALL COMO PRATICANTE DA CNV: Como praticante da CNV, tenho que lidar muito com isso, mas não vejo nada de errado com minhas necessidades nem com meu amor. Se achasse, isso tornaria uma situação já ruim duplamente ruim. Não preciso assumir a responsabilidade por isso. Preciso ouvir verdadeiramente o que você está dizendo.

Portanto, você está em pânico. É muito difícil para você manter o profundo carinho e amor que tivemos sem transformá-los em responsabilidade, dever e obrigação, pondo fim à sua liberdade e sentindo que tem que cuidar de mim.

PARTICIPANTE M ASSUMINDO O PAPEL DE PARCEIRA: Exatamente! É igualzinho a uma prisão. Mal consigo respirar.

MARSHALL COMO PRATICANTE DA CNV: Assim que ouve minha dor ou meus sentimentos, é como se sua vida parasse.

PARTICIPANTE M COMO PARCEIRA: É! [Suspiro.]

MARSHALL COMO PRATICANTE DA CNV: Estou muito contente de você me dizer isso. Seria mais seguro se nos definíssemos como amigos em vez de namorados?

PARTICIPANTE M COMO PARCEIRA: Não... Faço isso com amigos também, faço isso com todo mundo de quem eu gosto. Já fiz isso uma vez com meu cachorro. [Risos.]

MARSHALL COMO PRATICANTE DA CNV: Céus, agora estou num baita dilema. Gostaria de expressar meu descontentamento em relação a isso, mas, se fizer isso, tenho medo de você entrar em parafuso.

PARTICIPANTE M COMO PARCEIRA: É, é isso que vai acontecer. Assim que você expressar insatisfação, vou pensar que fiz algo errado e que tenho de resolver a situação. Minha vida acabou; tenho que cuidar de você.

MARSHALL COMO PRATICANTE DA CNV: Então digo a mim mesmo: "Ai, como é doloroso para mim não poder receber nenhuma empatia. Não ter alguém que receba meus sentimentos e minhas necessidades – tudo que está vivo em mim –, que eu gostaria que fossem uma dádiva para o outro. Transformar minhas necessidades em exigências é doloroso para mim. Não sei como obter o que preciso dessa pessoa. Vou tentar mais uma vez para ver se consigo receber empatia dela."

Você estaria disposta a apenas tentar ouvir uma mensagem minha, sem assumir a responsabilidade por ela?

PARTICIPANTE M COMO PARCEIRA: Como assim?

MARSHALL COMO PRATICANTE DA CNV: Gostaria de compartilhar um sentimento e uma necessidade e lhe pedir que você só ouvisse e nada mais. Não ouça que deve fazer alguma coisa a respeito. Não ouça que fez alguma coisa errada. Apenas repita de volta o que me ouvir dizer. Estaria disposta a fazer isso?

PARTICIPANTE M COMO PARCEIRA: Vou tentar.

MARSHALL COMO PRATICANTE DA CNV: Estou muito triste.

PARTICIPANTE M COMO PARCEIRA: Sinto muito. [Risos.]

MARSHALL COMO PRATICANTE DA CNV: Não sinta. Apenas espere, aguarde e repita o que eu disser. Estou triste porque gostaria que meus sentimentos e minhas necessidades fossem dádivas para você, não ameaças. Consegue me dizer o que acabou de me ouvir dizer?

PARTICIPANTE M COMO PARCEIRA: Que eu não deveria reagir com tanta intensidade.

MARSHALL COMO PRATICANTE DA CNV: Não, na verdade não estou tentando lhe dizer o que você deveria fazer ou não. Tenho um sentimento e uma necessidade; concentre-se somente nisso. Estou muito triste porque gostaria que meus sentimentos e minhas necessidades fossem dádivas para você, não uma ameaça tão grande. Consegue me dizer o que acabou de me ouvir dizer?

PARTICIPANTE M COMO PARCEIRA: Que eu deixo você triste.

MARSHALL COMO PRATICANTE DA CNV: Você não me deixa triste; minhas necessidades me deixam triste. Consegue ouvir isso?

PARTICIPANTE M COMO PARCEIRA: Diga de novo.

MARSHALL COMO PRATICANTE DA CNV: Estou muito triste porque gostaria mesmo que meus sentimentos e minhas necessidades fossem dádivas para você, não ameaças.

PARTICIPANTE M COMO PARCEIRA: Você está triste porque eu...

MARSHALL COMO PRATICANTE DE CNV: Não!

PARTICIPANTE M COMO PARCEIRA: Porque você...?

MARSHALL COMO PRATICANTE DA CNV: Obrigado.

PARTICIPANTE M COMO PARCEIRA: Porque você gostaria que seus sentimentos e necessidades fossem dádivas para mim, não ameaças.

MARSHALL COMO PRATICANTE DA CNV: Fico grato por você ter ouvido isso. Vá em paz, e espero que algum dia você possa voltar e me curtir.

Fazendo pedidos

PARTICIPANTE M: Mas aí vem a frase seguinte. [Risos.]

MARSHALL: E qual é?

PARTICIPANTE M: Eu quero dizer: "Estou com medo, preciso sentir que ainda estamos conectados, porque estávamos. Não importa necessariamente como. Não preciso que você seja minha namorada, mas ainda preciso sentir que estamos conectados e que somos amigos."

MARSHALL: Até onde você foi está maravilhoso, mas se parar por aí não é CNV. O que você afirmou foi seu sentimento e sua necessidade não atendida de ainda manter contato, mas não deixou claro no final exatamente o que quer que ela faça. Para quem ouve do jeito que ela parece ouvir, isso será como jogar lenha na fogueira. Quando você diz a uma pessoa "Vamos continuar amigos" sem as orelhas da CNV e não deixa claro o que quer dela, ela, mais uma vez, vai interpretar: "Você quer me sufocar, quer que eu seja sua escrava." É preciso ser muito concreto com quem não fala CNV. Não se pode dizer: "Quero que você me ame. Quero sua compreensão. Quero que você escute. Preciso da sua amizade." Em termos concretos, o que exatamente você quer que essa pessoa faça para continuar sua amiga?

PARTICIPANTE M: "Gostaria de ligar para você pelo menos uma vez por mês para saber como vai e lhe dizer como estou."

MARSHALL: O que você precisa dizer agora é: "Gostaria que você me dissesse se estaria disposta a conversar comigo uma vez por mês."

MARSHALL COMO PARCEIRA: Durante quantos minutos?

PARTICIPANTE M: Ah, meia hora no sábado.

MARSHALL COMO PARCEIRA: Tudo bem.

MARSHALL COMO MARSHALL: Precisamos ser objetivos assim com a CNV.

Lidando com racismo e machismo

PARTICIPANTE N: [Falando baixinho] Conheço alguém que disse que toda mulher, quando se casa, vira uma megera.

MARSHALL: Bom, sem CNV logo interpretaríamos essa observação como machista. No entanto, com um pensamento desses na cabeça, perdemos o poder de levar essa pessoa a ser mais sensível às nossas necessidades. Assim que julgamos alguém como "racista" ou "machista", mesmo que não digamos em voz alta e só façamos o julgamento na nossa cabeça, praticamente não temos mais o poder de obter o que necessitamos. E o que você disse em seguida?

PARTICIPANTE N: Nada, porque fiquei angustiada e não sabia o que responder. Não falei que era um comentário machista. Mas senti a dor dos homens que afirmam coisas desse tipo às mulheres, e não estava no clima para usar a CNV.

MARSHALL: Aquela pausa de alguns segundos consumiu toda a sua energia de CNV. Então você se deu permissão para não usá-la.

PARTICIPANTE N: Balancei a cabeça e disse: "As mulheres deveriam ter permissão para serem megeras."

MARSHALL: Você está concordando. O praticante da CNV nunca concorda nem discorda. Aviso: nunca entre na cabeça dos outros; é feio lá dentro. [Risos.] Fique longe da cabeça deles. Vamos entrar no coração deles.

MARSHALL COMO HOMEM: É verdade que todas vocês, mulheres, viram megeras quando se casam?

MARSHALL COMO PRATICANTE DA CNV: [Silêncio.]

MARSHALL COMO MARSHALL: Essa é a pausa. Agora a praticante da CNV está com muita raiva. Como já contei, quando ficam com raiva, os praticantes da CNV sabem que não ouviram o que precisavam ouvir. Assim, essa pessoa para e, por alguns momentos, aprecia o espetáculo do julgamento que acontece dentro da mente dela.

PRATICANTE DA CNV [DIÁLOGO INTERIOR]: Gostaria de torcer o pescoço desse machista. Estou de saco cheio dessas observações. Estou de saco cheio do que chamo de insensibilidade às minhas necessidades. Ora, só porque sou mulher tenho que ouvir esse tipo de conversa no trabalho o tempo todo? [Suspiro.]

PRATICANTE DA CNV [EM VOZ ALTA]: Está sentindo alguma tensão em seu casamento sobre a qual gostaria de falar? [Muitos risos.]

PARTICIPANTE N: Na verdade, foi exatamente o que pensei no momento, mas optei por não levantar essa questão porque estávamos num almoço de despedida de um dos funcionários.

MARSHALL COMO HOMEM: Do que você está falando? Só estávamos nos divertindo. Você é sensível demais.

MARSHALL COMO PRATICANTE DA CNV: Então você só estava brincando comigo e queria que eu também me divertisse?

MARSHALL COMO HOMEM: É.

MARSHALL COMO PRATICANTE DA CNV: Bom, quero dizer por que isso não é fácil para mim. É muito doloroso ouvir comentários como esse.

MARSHALL COMO HOMEM: Pois você não deveria ser tão sensível.

MARSHALL COMO PRATICANTE DA CNV: Gostaria que você esperasse até eu terminar de falar antes de interromper e me dizer o que eu não deveria fazer. Estaria disposto a fazer isso?

MARSHALL COMO HOMEM: Quanto mimimi! [Risos.]

MARSHALL COMO PRATICANTE DA CNV: Então você está mesmo se sentindo magoado e gostaria que eu fosse capaz de brincar com você?

MARSHALL COMO HOMEM: É. É muito chato andar com vocês, liberais.

MARSHALL COMO PRATICANTE DA CNV: Então o que você quer é só brincar e fazer piadas sem se preocupar com o que diz?

MARSHALL COMO HOMEM: É.

MARSHALL COMO PRATICANTE DA CNV: Eu também, mas quero que você entenda por que isso é tão doloroso para mim. Gostaria que me dissesse se estaria disposto a ouvir o que acontece dentro de mim.

MARSHALL COMO MARSHALL: E agora eu o educo.

Insultos

PARTICIPANTE O: Como um praticante da CNV reage a insultos agressivos?

MARSHALL: Na CNV, todos os insultos são expressões trágicas de necessidades não atendidas. Quando é ofendido, o praticante da CNV se pergunta: "O que essa pessoa está querendo e não está obtendo?" Tragicamente, quem faz isso não conhece nenhum outro jeito de expressar as próprias necessidades, a não ser insultando.

> XINGADOR: Você é sensível demais!
>
> PRATICANTE DA CNV: Gostaria que eu o entendesse de forma diferente?
>
> XINGADOR: Você é a pessoa mais egoísta que já vi.
>
> PRATICANTE DA CNV: Quer que eu guarde o último pedaço de bolo para você?

Insultos nada mais são que expressões trágicas de necessidades insatisfeitas. Os praticantes da CNV sabem que não existe normal, anormal, certo, errado, bom nem ruim. Sabem que tudo isso é produto de uma linguagem que treinou as pessoas a viverem sob o comando de um rei. Se quiser treinar pessoas para serem dóceis diante da autoridade, para se encaixarem em estruturas hierárquicas de maneira subserviente, é importantíssimo fazer com que elas usem a cabeça para pensar no que é "certo", no que é "normal", no que é "adequado" e dar à autoridade elevada o poder de definir tudo isso.

Ao serem criadas numa cultura assim, as pessoas são submetidas a essa trágica brincadeira de mau gosto. E, quando estão sofrendo e precisam de alguma coisa, não sabem como se expressar, a não ser ofendendo os outros.

Com a CNV, queremos interromper esse ciclo. Sabemos que a base da violência é estar sofrendo e não saber como dizer isso com clareza. Há um livro de Andrew Schmookler chamado *Out of Weakness* (Por fraqueza, em tradução livre). Ele escreve que a base da violência – seja verbal, psicológica, física, entre marido e mulher, pais e filhos ou países – é que as pessoas não sabem como entrar em contato com o que há dentro delas. Em vez disso, aprendem uma linguagem que indica que existem vilões, gente má por aí, e esse é o problema. Então você tem uma cultura em que até o líder de uma nação pode dizer sobre outra: "Eles são o império do mal." E então os líderes desse outro país retrucam: "Eles são opressores imperialistas." Tudo isso em vez de ver e revelar a dor, o medo e as necessidades não atendidas por trás das palavras do outro. Esse é um fenômeno social perigosíssimo. É por isso que os praticantes da CNV se dedicam apenas a ouvir o sofrimento e as necessidades por trás de qualquer insulto, sem aceitá-lo nem reagir na mesma moeda.

EXPRESSANDO APRECIAÇÃO

PARTICIPANTE P: Você poderia dizer as três coisas necessárias para expressar reconhecimento?

MARSHALL: Há três coisas de que necessitamos para expressar reconhecimento – e não elogio, porque não há elogios na CNV. Elogiar é uma técnica clássica de julgamento; os gestores adoram, dizem que pesquisas mostram que os funcionários têm melhor desempenho quando são elogiados pelo menos uma vez por dia. Na verdade, o elogio funciona por algum tempo, até os funcionários perceberem a manipulação. Na CNV, nunca demonstramos reconhecimento para criar um resultado nos outros. Só o fazemos para celebrar, para que saibam como nos sentimos bem com algo que fizeram. As três coisas necessárias para isso são:

- O que o outro fez e que apreciamos – e somos muito específicos a respeito disso.
- Nossos sentimentos.
- Nossas necessidades que foram atendidas.

O QUE É PRECISO PARA PRATICAR A CNV?

PARTICIPANTE Q: Também gostaria que você mencionasse as três coisas necessárias para ser bem-sucedido na CNV.

MARSHALL: Em primeiro lugar, o bom é que não precisamos ser perfeitos. Não se exige que sejamos santos. Nem temos que ser pacientes. Não é necessário ter boa autoestima nem autoconfiança. Já demonstrei que vocês nem sequer precisam ser pessoas normais. [Risos.]

O que é necessário? Em primeiríssimo lugar, clareza espiritual. Precisamos ter plena consciência de como queremos nos conectar com os outros seres humanos. Vivemos numa sociedade que é muito condenatória em sua história e evolução. Ela tende à CNV, e bem depressa, se pensarmos como Teilhard de Chardin (que era paleontólogo e pensava em termos de dezenas de milhares de anos). Mas não está avançando tão depressa quanto *eu* gostaria, e faço o que posso para apressá-la.

O principal que tento fazer é trabalhar para melhorar a mim mesmo. Quando me envolvo inteiramente com a CNV, acredito estar ajudando o planeta; então uso a energia que me resta para tentar ajudar os outros a se envolverem com a CNV também. Assim, o mais importante é ter clareza espiritual: que tenhamos plena consciência de como queremos nos conectar com os outros. Quanto a mim, preciso parar todo dia – duas, três, quatro vezes –, parar mesmo, e me lembrar de como quero me conectar com as outras pessoas.

Como faço isso? Isso vai de cada um. Alguns chamam de meditação, oração, parar e desacelerar, como quiserem. Eu mesmo faço de um jeito diferente a cada dia, mas basicamente é só parar, desacelerar e verificar o que está acontecendo na minha mente. Há julgamentos passando por minha cabeça? Há CNV passando pelos meus pensamentos? Paro, examino o que está acontecendo na minha mente e desacelero. Lembro-me da "razão importante, sutil e sorrateira pela qual nasci um ser humano, e não uma cadeira", para citar uma de minhas peças favoritas, *Mil palhaços*. Então essa é a coisa mais importante: clareza espiritual.

Em segundo lugar: treino, treino, treino. Anoto toda vez que me pego julgando a mim mesmo ou aos outros. Anoto qual foi o estímulo. O que fiz? O que os outros disseram ou fizeram para, de repente, eu me dar permissão para voltar ao julgamento? Então uso isso. Em algum momento do dia, sento-me, olho minha lista e tento me oferecer empatia pela dor que existia dentro de mim naquela hora. Procuro não me colocar para baixo. Tento ouvir a dor que havia dentro de mim que me levou a falar daquela maneira. Então me pergunto: "Como eu poderia ter usado a CNV nessa situação? O que a outra pessoa poderia estar sentindo e necessitando?"

Agora, os praticantes da CNV adoram bagunçar as coisas porque não estão tentando ser perfeitos. Conhecemos o perigo de buscar a perfeição.

Só procuramos ser cada vez menos idiotas. [Risos.] Quando seu objetivo é esse, toda vez que você se atrapalha vira um motivo para comemorar, porque lhe oferece a oportunidade de aprender a ser menos idiota. Portanto, treine, treine, treine para aprender a ser menos idiota.

Em terceiro lugar, ajuda bastante participar de uma comunidade de apoio da CNV. Vivemos num mundo condenatório, e criar um mundo de CNV à nossa volta, a partir do qual possamos começar a construir algo maior, vai ajudar. Por isso, sou muito grato por todos os grupos locais de CNV.

O QUE O AMOR TEM A VER COM ISSO?

Pode ser útil entender que a Comunicação Não Violenta surgiu a partir da minha tentativa de compreender o conceito de amor e aprender como manifestá-lo, como *fazê-lo*. Cheguei à conclusão de que o amor não é apenas algo que sentimos, mas algo que manifestamos, que fazemos, que temos. E *amor é algo que oferecemos*. Nós nos doamos de maneiras específicas. É uma dádiva quando você se revela nua e francamente, a qualquer momento, com o único propósito de revelar o que está vivo em você. Não para culpar, criticar ou punir; apenas "Aqui estou eu e aqui está o que eu gostaria. Essa é minha vulnerabilidade neste momento". Para mim, esse ato de doação é uma manifestação de amor.

Outra forma de nos doarmos é pelo modo como recebemos a mensagem do outro. É uma dádiva recebê-la com empatia, conectando-se com o que está vivo na pessoa, sem fazer julgamentos. É uma dádiva quando tentamos ouvir o que está vivo no outro e o que essa pessoa gostaria. Assim, a Comunicação Não Violenta é apenas uma manifestação do que entendo por amor. Por esse ângulo, é semelhante aos conceitos judaico-cristãos de "Ama o próximo como a ti mesmo" e "Não julgueis para não serdes julgados".

É espantoso o que acontece quando nos ligamos às pessoas desse modo. Essa beleza, esse poder nos conecta com uma energia que escolhi chamar de Amada Energia Divina – um dos muitos nomes de Deus. Assim, a Comunicação Não Violenta me ajuda a me manter conectado com essa bela Energia Divina dentro de mim e a me conectar com ela nos outros. É a coisa mais próxima de "amor" que já vivenciei.

CONCLUSÃO

Nos relacionamentos, queremos apenas ser nós mesmos, mas de maneira respeitosa com os outros, mesmo que eles não nos tratem com muito respeito. Queremos nos conectar com eles, mas não nos envolver com o jeito deles de fazer as coisas. E como conseguir as duas coisas? Sugiro que façamos isso nos expressando de maneira assertiva. A CNV é uma linguagem muito assertiva. Podemos falar em alto e bom som o que sentimos, quais são nossas necessidades, o que queremos do outro. No entanto, não transformamos essa assertividade em violência. Na CNV, nos afirmamos sem criticar o outro. Na linguagem da CNV, não expressamos nada que insinue, de algum modo, que o outro esteja errado. Com "errado" quero dizer mil coisas diferentes – inadequado, egoísta, insensível; na verdade, qualquer palavra que classifique ou categorize o que o outro é.

Portanto, na CNV aprendemos a ser muito assertivos ao dizer o que está acontecendo dentro de nós e, assim, também temos a arte maravilhosa de contar aos outros, de forma bem assertiva, o que gostaríamos que fizessem. Mas o fazemos como um pedido, não como uma exigência. Afinal, no momento em que os outros ouvem de nossos lábios qualquer coisa que soe como crítica ou exigência, ou se parecer que não valorizamos as necessidades deles tanto quanto as nossas – quando os outros têm a impressão que só queremos impor nosso jeito de ser –, todo mundo sai perdendo, porque eles passam a ter menos energia para levar nossas necessidades em conta com sinceridade. A maior parte da energia deles irá para a defesa ou a resistência.

Queremos nos expressar de modo que nossa assertividade seja apresentada aos outros como uma dádiva que revela com exatidão o que ocorre dentro de nós e lhes diz claramente o que gostaríamos de receber deles.

Eu diria que a necessidade humana básica, o maior sentimento comum a todo mundo, universalmente, é a alegria que experimentamos ao ver que temos o poder de enriquecer a vida. Nunca conheci alguém que não gostasse de se doar aos outros, desde que fosse de boa vontade. Acredito que isso acontece quando os outros confiam que não estou tentando coagi-los a fazer alguma coisa. E assim conseguimos manter a dança da CNV, na qual ambos continuamos a compartilhar o que sentimos e o que necessitamos. E tenho enorme esperança de que isso esteja acontecendo. Pois, em meus relacionamentos, com frequência consigo pôr essa filosofia cor-de-rosa à prova.

3

Superando a dor entre nós

Cura e reconciliação sem concessões

O texto a seguir é um trecho de um workshop que dei em 4 de outubro de 2002. "Superando a dor" se concentra em reparar nossos relacionamentos e nos dá a habilidade de entender e resolver nossos conflitos, curar antigas feridas e desenvolver relações satisfatórias usando a CNV.

Neste capítulo, você verá os passos para curar ou reconciliar relacionamentos marcados pelo conflito, seja no trabalho, em casa, na escola ou na comunidade. Ele também lhe dará uma noção da energia da empatia: a compaixão e a "presença" sincera necessárias para que a cura aconteça. A habilidade da Comunicação Não Violenta torna possível alcançar a paz duradoura e até mesmo prevenir problemas. Junte-se a este diálogo e admire a magia que o entendimento proporciona quando escutamos e falamos com o coração.

O treinamento começou comigo representando papéis numa situação apresentada por alguém na plateia.

CURANDO A AMARGURA

MARSHALL: O que posso contar sobre cura e reconciliação que atenda às necessidades de vocês? Sobre o que gostariam de me ouvir falar? Será que alguém tem uma dor do passado, por algo que tenha acontecido no relacionamento com outra pessoa, e gostaria de representá-la "ao vivo", e não apenas que falemos a respeito?

PARTICIPANTE R: Gostaria de saber como superar ou liberar a amargura que sinto por uma pessoa.

MARSHALL: Que tal se eu representar o papel dessa pessoa por quem você sente amargura? Mas falarei com você como alguém que vive a Comunicação Não Violenta. Você só precisa dizer o que tiver vontade. Tudo bem? Entendeu? Ótimo. Agora, quem eu vou ser?

PARTICIPANTE R: Meu irmão.

MARSHALL COMO IRMÃO: Irmã, estou muito comovido com o fato de você querer resolver essa amargura que ficou entre nós e com a coragem que está demonstrando. Seria maravilhoso se você pudesse compartilhar o que está vivo em você agora em relação a mim. Apenas diga o que está acontecendo, do jeito que quiser.

PARTICIPANTE R: Tenho um sério problema ético com você. Você não foi franco comigo nem confiável quando nossos pais envelheceram. Quando o procurei para tentar resolver as coisas, você não estava disponível. Só queria deixar o passado para trás. É o que sempre fez a vida inteira: diz que o problema é meu; não quer lidar com ele. Parece que o que me deixa aborrecida não importa.

MARSHALL COMO IRMÃO: Você me disse muitas coisas aqui, expressou vários sentimentos diferentes. Vou confirmar para ter certeza de que entendi tudo. Estou ouvindo muita raiva ligada à necessidade de mais apoio que você teve quando nossos pais envelheceram. Ouvi direito?

PARTICIPANTE R: Ouviu.

MARSHALL COMO IRMÃO: Então isso é algo real e você gostaria que eu compreendesse agora como foi difícil passar por aquilo e como adoraria ter recebido apoio. Mas, além de não receber o apoio que esperava, também estou ouvindo que parte das coisas que fiz desde então em relação às questões familiares a deixaram muito magoada – que você teria gostado muito que tivéssemos tomado essas decisões de maneira diferente.

PARTICIPANTE R: Isso.

MARSHALL COMO IRMÃO: É, sobretudo porque não foi a única vez que você sentiu que suas necessidades não estavam recebendo a consideração que gostaria. Ouvi sua mensagem com exatidão?

PARTICIPANTE R: Sim, sim.

MARSHALL COMO IRMÃO: Gosta de mim quando uso as orelhas da empatia?

PARTICIPANTE R: Gosto! Quer ser meu irmão?

MARSHALL COMO IRMÃO: Então, ainda usando essas orelhas, gostaria de ouvir o que mais ainda está vivo aí dentro de você.

PARTICIPANTE R: Você diz que quer fazer as pazes, mas não consigo. O fato é que a gente não resolve os conflitos familiares e não quero mais viver assim.

MARSHALL COMO IRMÃO: Então, se ouvi bem, sua necessidade é se proteger da dor que sentiu no passado quando se esforçou para resolver as coisas e isso não aconteceu. A esta altura, você já está cansada disso. É como se uma parte sua quisesse saber de mim, mas não se isso a fizer passar pela dor que sentiu no passado.

PARTICIPANTE R: Pois é. Ainda estou num dilema, porque acho que não vai dar certo de jeito nenhum. Se eu me reaproximar, não será bom para mim, mas permanecermos distantes parece antinatural.

MARSHALL COMO IRMÃO: Então você está mesmo dividida. Tem duas necessidades. Uma é que haja reconciliação e cura entre nós. A outra é se proteger. Você não sabe como atender às duas.

PARTICIPANTE R: Exato.

MARSHALL COMO IRMÃO: Esse conflito é realmente doloroso.

PARTICIPANTE R: É, sim.

MARSHALL COMO IRMÃO: Há mais alguma coisa que gostaria que eu ouvisse antes de eu reagir ao que você disse?

PARTICIPANTE R: Não.

MARSHALL COMO IRMÃO: Ao ouvi-la agora, com essas orelhas da empatia, sinto uma tristeza muito profunda, porque vejo que não atendi às minhas próprias necessidades com algumas atitudes que tive em nosso relacionamento: minha necessidade de cuidar de você do jeito que eu gostaria, de contribuir para seu bem-estar. Quando vejo que minhas ações tiveram exatamente o efeito oposto e que lhe provocaram tanta dor, sinto uma tristeza profunda. Estou muito vulnerável agora. Gostaria de ouvir como se sente quando lhe falo dessa tristeza.

PARTICIPANTE R: É provável que você tenha o mesmo dilema que eu, no sentido de não saber como atender às minhas necessidades sem ficar desconfortável.

MARSHALL COMO IRMÃO: Quero lhe agradecer por supor isso. O que eu realmente desejo agora é que você ouça como me sinto triste por não ter atendido à minha necessidade de contribuir para o seu bem-estar como eu gostaria.

PARTICIPANTE R: Fico grata por isso.

MARSHALL COMO IRMÃO: Agora queria lhe contar o que estava acontecendo comigo quando tomei aquelas atitudes em nosso relacionamento. E, como você deve imaginar, quero deixar isso o mais claro possível. Em primeiro lugar, por não ter oferecido mais apoio aos seus esforços quando teve que lidar com o estresse do envelhecimento dos nossos pais: algo dentro de mim me dizia que eu deveria ajudar e que era desprezível por não fazer isso. Então, por me sentir tão culpado, não conseguia ouvir sua dor nem suas necessidades com minhas orelhas de escuta compassiva. Seus pedidos me pareciam exigências. Fiquei dilacerado, porque queria ajudar, mas também estava com raiva ao ouvir tantas exigências. Fiquei me sentindo culpado e não sabia como lidar com todos esses sentimentos dentro de mim, a não ser evitando a questão como um todo. Quero saber como se sente ao me ouvir dizer isso.

PARTICIPANTE R: Faz sentido... Esclarece as coisas.

MARSHALL COMO IRMÃO: Então, assim como você ficou magoada comigo, eu fiquei ferido por coisas que aconteceram no passado, mas não soube expor para você. Eu gostaria de ter encontrado um jeito de conversar sobre isso, mas, por sentir toda essa dor e não saber exprimi-la, às vezes ela saía como raiva. Gostaria de ter me expressado de forma diferente. Como se sente quando lhe digo isso?

PARTICIPANTE R: É bom de ouvir.

MARSHALL COMO IRMÃO: Há mais alguma coisa que queira dizer, ouvir de mim ou que eu ouça de você?

PARTICIPANTE R: Acho que quero saber como lidar com isso de uma maneira que seja confortável para nós dois. Depois podemos seguir em frente. É algo que precisamos consertar e estou disposta a ouvir o que você tiver a dizer, para abrir o diálogo.

MARSHALL COMO IRMÃO: Tenho uma ideia. Diga o que acha: que tal, antes de tudo, pedir ao pessoal que está gravando este workshop para me mandar uma cópia do áudio? Depois, quem sabe você me liga e pergunta se eu gostaria de continuar um diálogo desse tipo, talvez com a ajuda de terceiros?

PARTICIPANTE R: É, acho que é uma excelente ideia.
MARSHALL COMO IRMÃO: Tudo bem, vamos fazer isso.
PARTICIPANTE R: Obrigada.

Reações à representação de papéis

MARSHALL: Certo, alguma reação a essa situação? Perguntas?

PARTICIPANTE S: O que você recomendaria caso não fosse possível enviar o áudio?

MARSHALL: Acho que conseguimos parte da cura que a Participante R estava procurando, que lidamos com a mágoa. Agora ela quer aprofundar o relacionamento. Isso mostra que não é preciso que o irmão esteja fisicamente disponível para ela alcançar certa dose de cura. É claro que seria bom aprofundar as questões com ele e avançar, mas ela não depende da disponibilidade do irmão para curar a si própria. Não necessitamos do outro para a cura ocorrer, principalmente quando essa pessoa não está mais viva ou é inacessível. Felizmente, podemos nos curar *por completo* sem que o outro precise se envolver.

PARTICIPANTE S: Parece muito importante, caso eu tenha um problema que não consiga curar sozinho, ter alguém que seja capaz de representar comigo os papéis da CNV como você fez, alguém que possa escutar com empatia. Então minha pergunta é: se eu não tiver esse parceiro, você tem algum método para fazer isso sozinho?

MARSHALL: Sim, acho que é possível fazer isso sozinho. É claro que, no melhor dos mundos, estaríamos com o irmão da Participante R aqui. Teria sido ainda mais poderoso. Ele poderia representar a si mesmo. Mas podemos nos virar sem ele.

Deixe-me esclarecer um dos princípios mais fundamentais que usamos para isso: é importantíssimo notar, na representação de papéis, como falamos pouco sobre o passado. A irmã fez uma referência muito breve ao que eu, o irmão, fiz, mas não entramos em detalhes. O que descobri com o passar dos anos é que quanto mais falamos do passado, menos nos curamos dele. A maior parte da conversa foi sobre o que estava vivo dentro de nós dois agora. Falamos sobre o presente: o que ela ainda sente em consequência do que aconteceu no passado.

A maioria pensa que é preciso entender o passado para obter a cura e que você tem que contar a história para entender o que aconteceu.

Confunde-se entendimento intelectual com empatia. É da empatia que vem a cura. Contar a história realmente possibilita o entendimento intelectual da razão por que alguém fez o que fez, mas isso não é empatia e não leva a cura nenhuma. Na verdade, recontar a história pode aprofundar a dor. É como revivê-la.

Assim, apesar de não termos negado o passado e termos nos referido ao que o irmão fez, não entramos em detalhes. Não dissemos, por exemplo: "Tive que levar mamãe a todas as lojas, e não só isso, mas quando papai adoeceu, blá-blá-blá." Quanto mais ela falasse sobre isso, menos cura aconteceria. Principalmente quando se faz isso com a pessoa envolvida na dor. O outro não vai ver que seu objetivo é alcançar entendimento para a dor; vai pensar que você só quer criar caso.

PARTICIPANTE S: Eu estava achando que o irmão tinha questões que não expressou para ela. E se ele estiver guardando rancor?

MARSHALL: Como irmão, eu afirmei no final: "Estou sentindo alguma dor que não sei como expressar." É tudo que preciso fazer. Falei que ainda sentia alguma dor em relação ao passado, para a qual necessitava de compreensão. Mas essa compreensão não significa que eu tinha que contar a história e falar mais do passado. Só significa que recebi isso dela. Vi nos olhos dela que ela ouviu.

O PRIMEIRO ESTÁGIO DA CURA: CONEXÃO EMPÁTICA

MARSHALL: Então, o que precisamos fazer, em primeiro lugar, quer nosso objetivo seja nos curar, quer seja ajudar alguém a se curar, é pôr o foco *no que está vivo agora*, não no que aconteceu no passado. Se precisar falar sobre o passado, diga em até cinco palavras, não mais que isso: "quando você fugiu de casa", "quando você me bateu", seja o que for. O primeiro estágio da cura implica sentir empatia pelo que está vivo agora em relação ao que aconteceu. Em meu papel de irmão, eu *me conectei empaticamente* com o que está vivo nela agora. Para isso, precisamos fazer algumas coisas.

O primeiro passo da conexão empática é o que Martin Buber chamou de dádiva mais preciosa que um ser humano pode dar a outro: a presença. No papel de irmão, eu estava inteiramente presente diante do que estava vivo nela agora, neste momento. Não estava pensando no que iria dizer depois ou no que aconteceu no passado.

Isso é um presente difícil de oferecer a alguém, porque significa que não posso trazer nada do passado. Até algum diagnóstico que já tenha feito dessa pessoa no passado atrapalha a empatia. É por isso que minha formação clínica em psicanálise foi prejudicial. Ela me ensinou a ficar sentado, pensar no que a pessoa estava dizendo e interpretar a fala intelectualmente, mas não a estar presente por inteiro diante dessa pessoa, que, na verdade, é o que proporciona a cura. Para estar inteiramente presente, tenho que jogar fora toda a minha formação clínica, todos os meus diagnósticos, todo esse conhecimento prévio sobre seres humanos e seu desenvolvimento. Tudo isso só me oferece um entendimento intelectual, que bloqueia a empatia.

O máximo que posso dizer a vocês sobre como sinto a empatia é que ela é parecida com o surfe. Você tenta prestar atenção na energia da onda, tenta ouvir o que está vivo agora. Estou tentando acompanhar o ritmo da vida que está nessa pessoa. E, às vezes, só de olhar para o chão, posso desviar minha atenção para isso e acabar me distraindo com outras coisas em vez de olhar a pessoa.

PARTICIPANTE S: Mas acabo sendo levado pela piedade.

Empatia x piedade

MARSHALL: Piedade, empatia; vamos esclarecer a diferença. Quando tenho sentimentos fortes dentro de mim, apenas ter consciência deles é piedade, não empatia. Portanto, se eu fosse o irmão e dissesse "Nossa, fico triste quando você diz isso", seria piedade, não empatia. Pense em quando você sentiu alguma dor no corpo, uma dor de cabeça ou de dente, e pegou um bom livro. O que aconteceu com a dor? Você não a notou mais. A dor estava lá – quer dizer, o problema físico não mudou –, mas você não. Você saiu para fazer uma visita. Isso é empatia. Você foi visitar o livro.

Na empatia, estamos com os sentimentos do outro. Isso não significa que os sentimos. Só estamos com eles enquanto o outro os tem. Agora, se por um segundo eu afastar minha mente do outro, talvez eu note que tenho meus próprios sentimentos fortes. Nesse caso, não tento abafá-los. Eles me indicam que não estou com o outro, que voltei para casa. E digo a mim mesmo: "Volte para ele."

No entanto, quando minha dor é grande demais, não consigo oferecer empatia. E talvez diga: "Estou com muita dor agora que ouvi algumas coisas que você disse, então não sou capaz de escutar. Pode me dar alguns instantes para eu resolver isso e poder voltar a ouvi-lo?"

É importante não confundir empatia com piedade, porque, quando alguém sente dor e eu digo "Ah, entendo como se sente e me sinto muito mal com isso", afasto dele o fluxo e volto sua atenção para mim.

Às vezes, uso uma frase que muita gente detesta na Comunicação Não Violenta; digo que a empatia exige "aprender a gostar da dor do outro". Por que eu uso uma frase tão doentia? Quando costumava vir a San Diego, uma amiga minha me ligava e dizia: "Venha brincar com a minha dor." Ela sabia que eu entendia o que ela queria dizer. Ela estava morrendo em decorrência de uma doença muito dolorosa e dizia que o que mais a fazia piorar era ter que lidar com as reações dos outros à sua dor. A reação deles, vinda de um coração bondoso e compassivo, criava um problema tão grande para ela que minha amiga preferia ficar sozinha com a própria dor a ter que acabar cuidando dos outros à sua volta. E ela dizia: "Por isso gosto de ligar para você, Marshall, porque seu coração é muito frio. Você é um filho da mãe desgraçado. Sei que posso conversar com você e você não vai dar a mínima a ninguém que não seja você."

Ela sabia que eu conseguia entender a "CNV idiomática". E sabia que eu considerava isso um prazer, no sentido de que, estando os outros sentindo dor ou alegria, quando estamos presentes diante deles de um determinado jeito, isso é que é preciso. É claro que prefiro que sintam alegria, mas é preciso estar lá com eles e com o que estiver vivo dentro deles. Era isso que minha amiga queria dizer com "brincar com minha dor".

Estar presente diante de sentimentos fortes
PARTICIPANTE S: Como estar realmente presente e não ser levado por todos esses sentimentos?
MARSHALL: Não sei fazer isso o tempo todo. Eu estava tentando fazer um trabalho de cura com uma mulher da Argélia que queria isso de mim. Extremistas a tinham arrancado de casa e a obrigado a assistir enquanto amarravam sua melhor amiga atrás de um carro e a arrastavam até matá-la. Depois a levaram para dentro e a estupraram diante dos pais

dela. Iam voltar na noite seguinte para matá-la, mas ela conseguiu um telefone e ligou para amigos meus de Genebra que a levaram embora no meio da noite.

Recebi um telefonema deles onde moro na Suíça. E me disseram:

– Marshall, você pode fazer o trabalho de cura com essa mulher?

Eles me contaram o que tinha acontecido e respondi:

– Tenho um treinamento durante o dia, mas tragam-na aqui hoje à noite.

– Marshall, esse é o problema – disseram eles. – Contamos a ela como você faz o trabalho de cura, que você representaria o papel da outra pessoa. Ela está com medo de matar você.

– Vocês explicaram que é uma representação de papéis, que não é a pessoa real?

– Ela entendeu isso, mas disse: "Mesmo que eu imagine que ele é aquela pessoa, vou matá-lo. Sei que vou." E, Marshall, ela é uma mulher grande.

Agradeci pelo aviso e sugeri:

– Então vamos fazer uma coisa. Estarei com um intérprete na sala. Talvez ela se sinta mais segura se souber que haverá outra pessoa lá. No treinamento, há um rapaz de Ruanda, e, depois do que ele passou, acho que isso não o assustará. Pergunte se ela se sentirá segura se esse rapaz de Ruanda estiver lá para me ajudar se necessário.

Foi sob essas condições que ela foi levada até lá.

Em resposta à sua pergunta, quando comecei a ouvir a dor daquela mulher, a enormidade de seu sofrimento, tive que dizer duas vezes: "Pausa, pausa. Preciso de tempo." Então fui para o corredor e fiz um grande trabalho comigo mesmo para conseguir voltar. Não podia simplesmente "voltar" a ela. A única coisa que queria naquele momento era encontrar aqueles sujeitos e lhes dar um pouco de "terapia barra-pesada". Precisei trabalhar comigo mesmo uns 20 minutos, mais ou menos, antes de conseguir voltar.

O que estou dizendo é que, às vezes, minha dor é tão grande que não consigo estar tão presente quanto gostaria. E descobri que isso não é um problema tão grande. Em geral, a outra pessoa consegue entender.

PARTICIPANTE S: Você não acha que às vezes ajuda compartilhar essa dor com a outra pessoa?

MARSHALL: Muitas vezes faço isso. Digo à pessoa: "Estou com tanta dor que não consigo ouvi-la agora. Quer ouvir o que é essa dor ou você também está sofrendo demais?" Eu diria que, metade das vezes, o outro quer ouvir e consegue. Então essa é outra opção. Mas nesse caso ela chorava e gritava tanto que não fiquei muito otimista de ela conseguir lidar com os meus sentimentos.

Passos para a empatia

MARSHALL: Voltemos a nossos passos para a empatia. *Primeiro*, empatia exige presença – um foco no que está vivo no outro naquele momento, nos sentimentos e nas necessidades daquela pessoa. *Segundo*, exige confirmar as coisas com ela para se assegurar de que você está se conectando ao que ela sente e precisa. Os dois passos que mencionamos até agora podem ser cumpridos em silêncio: estar presente por inteiro e colocar a atenção nos sentimentos e nas necessidades do outro.

Também podemos verificar nosso entendimento verbalmente, repetindo em voz alta quais sentimentos e necessidades percebemos na fala do outro. Vamos nos lembrar de que a intenção é criar empatia, e não praticar uma técnica mecânica. A razão número um para verificar em voz alta é ter certeza de que estamos nos conectando com o outro. Não queremos que ele ache que estamos usando algo nele. Assim o fazemos de um jeito que revele que não temos certeza de estar inteiramente conectados e que gostaríamos de confirmar o que é real para ele naquilo que disse.

A outra condição sob a qual é bom fazer essa verificação, mesmo que tenhamos bastante confiança de que o ouvimos, ocorre quando sentimos que o outro realmente se tornou vulnerável ao dizer o que disse. Podemos supor que, se estivéssemos naquela posição, adoraríamos ter alguma confirmação de que fomos compreendidos. Essas são as duas únicas condições em que transmitimos a empatia em voz alta, e não em silêncio.

Recentemente, estive na Dinamarca trabalhando com uma mulher que apresentava uma quantidade enorme de dor. Ela expressou sua dor por pelo menos 20 minutos, mas o fez com muita beleza e de forma bastante transparente. Foi facílimo para mim ouvir o que estava vivo nela. Não senti necessidade alguma de repetir em voz alta; assim, durante quase meia hora, fiquei ali sentado em silêncio. No fim daqueles 20 minutos, ela apenas se pôs de pé, me abraçou e disse: "Obrigada por toda essa empatia, Marshall." Eu não tinha dito uma palavra sequer. Fiquei com ela o tempo todo. Ela sentiu isso sem que nenhuma palavra fosse proferida.

PARTICIPANTE R: Então, com empatia você se esvazia de si e se enche da outra pessoa.

MARSHALL: Com empatia, estou inteiramente *com* o outro, não cheio *do* outro – isso é piedade.

O *terceiro* passo para transmitir empatia é estar com o outro até que ele lhe dê sinais de que acabou. Fique atento, porque, com muita frequência, as primeiras mensagens que as pessoas nos dão são apenas a ponta do iceberg, ainda não chegamos ao fundo. Há alguns sinais que nos ajudam a determinar se já terminaram. Um deles é o alívio que se pode sentir nelas – a empatia é muito prazerosa. Assim, se receberam a empatia de que precisam, é possível perceber aquela sensação de alívio, inclusive no corpo delas. Qualquer um na sala com você também será capaz de senti-lo. Outro sinal é que, com frequência, elas param de falar.

O *quarto* passo só acontece depois do alívio. Durante o processo de empatia, se toda vez que eu entender algo eles responderem "Sim, e blá-blá-blá, blá-blá-blá", esse é um sinal de que precisam de mais empatia. Quando sinto esse alívio da tensão e vejo que pararam de falar, a probabilidade é de que tenham recebido a empatia de que necessitavam. Mas sempre gosto de verificar de novo, perguntando: "Há mais alguma coisa que você gostaria de dizer?" Aprendi a ser muito lento ao voltar minha atenção deles para mim, portanto não faz mal verificar mais uma vez.

Ajudaria se as pessoas com quem fazemos o trabalho da empatia soubessem dizer "Acabei", mas a maioria não sabe. E na maior parte do tempo, mesmo depois da empatia, elas querem outra coisa. Nosso *quinto* passo, portanto, é mostrar empatia por seu pedido "pós-empático", ou algo mais que queiram. Esse pedido pode ser de informações sobre como nos sentimos depois de ouvir o que disseram, principalmente quando ficaram muito vulneráveis.

É algo muito humano querer saber como aquilo que oferecemos afetou o outro. Ainda assim, muita gente não sabe pedir isso. Portanto, se depois da empatia vejo que ficam me olhando, costumo perguntar: "Gostaria de saber o que sinto sobre o que você disse?" Às vezes confirmam; outras vezes, simplesmente não querem saber.

Além de desejar informações sobre como se sente a pessoa que dá empatia, às vezes o pedido pós-empático é de algum tipo de conselho para satisfazer melhor suas necessidades. No entanto, na hora de aconselhar seu filho, nunca dê o conselho, a menos que receba uma solicitação por escrito com firma reconhecida em cartório. Verifique três vezes se seu filho quer mesmo um conselho, porque quase sempre minha primeira reação é pular a empatia e ir diretamente para o conselho.

OS QUATRO ESTÁGIOS DA CURA

O primeiro estágio da cura: empatia

Começamos quando representei o papel do outro – o irmão – e ofereci à irmã uma dose de empatia por sua dor. Enquanto estava com ela, senti que ela gostaria de receber alguma confirmação e conferi em voz alta quase todas as vezes. Tentei estar presente por inteiro aos sentimentos e às necessidades dela. Mas observem que fiz tudo isso no papel do irmão. Por que não assumi simplesmente o papel de mim mesmo? De Marshall? Acho que qualquer um que lhe transmitisse empatia a ajudaria a se curar. No entanto, com o passar dos anos descobri que, quanto mais próxima da coisa real, mais poderosa é a empatia. Nesse exemplo, se o irmão estivesse por aqui, eu ia querer ajudá-lo a dar essa empatia diretamente à irmã. Mas, como ele não estava, representei seu papel.

Para resumir, então, o primeiro estágio do processo de cura é dar a alguém a empatia de que precisa. Há três maneiras de fazer isso: é possível dá-la como um terceiro, representar o papel da outra pessoa envolvida ou levar aquela outra pessoa a oferecê-la pessoalmente.

O segundo estágio da cura: o luto na CNV

O segundo passo geral do processo de cura é o luto. No papel de irmão, depois da empatia, expressei o luto. Foi algo assim: "Irmã, quando vejo que minhas atitudes contribuíram para sua dor, fico muito triste. Não satisfiz minha necessidade de cuidar de você e apoiá-la do jeito que realmente gostaria."

O principal aqui é perceber a grande diferença entre o luto e um pedido de desculpas. Vejo o pedido de desculpas como um ato muito violento. É violento tanto para quem recebe quanto para quem o faz. É mais trágico ainda que as pessoas que o recebem geralmente gostem dele; foram viciadas pela cultura em querer que quem se desculpa sofra e que fique cheio de ódio de si mesmo. A verdade é que as pessoas nunca pediriam nem desejariam receber desculpas se tivessem passado pelo luto sincero. Vamos examinar com mais atenção a diferença entre luto e pedido de desculpas.

As desculpas se baseiam num julgamento moralista de que fiz algo errado e que devo ser punido por isso – devo até me odiar pelo que fiz. Isso é diametralmente diferente do luto, que não se baseia em julgamentos moralistas, e sim em julgamentos a serviço da vida. Satisfiz minhas necessidades? Não. Então qual necessidade falta satisfazer?

Quando estamos em contato com nossa necessidade insatisfeita, nunca sentimos vergonha, culpa, raiva de nós mesmos nem a depressão de quando pensamos que fizemos algo errado. Sentimos tristeza, tristeza profunda, às vezes frustração, mas nunca depressão, culpa, raiva ou vergonha. Esses quatro sentimentos nos dizem que estamos fazendo julgamentos moralistas no momento em que os vivenciamos. Eles são resultado do pensamento que está na base da violência em nosso planeta. E fico contente de ter esses sentimentos, porque, quando estou pensando de uma maneira que acredito que sustenta a violência em nosso planeta, quero transformar esse pensamento o mais depressa possível.

Em nosso segundo passo, portanto, mostrei meu luto; não pedi desculpas, apenas mostrei meu luto.

Soltar-se
PARTICIPANTE R: Em seu trabalho, você encontra pessoas que começam o processo de luto e não sabem como encerrá-lo?
MARSHALL: Não. Em geral, o que nos prende são os pensamentos e julgamentos moralistas. Gosto do modo como o antropólogo Ernest Becker explicou essa questão em seu livro *The Revolution in Psychiatry*. Ele concordava com o psiquiatra Thomas Szasz que "doença mental" é uma metáfora trágica. Em vez disso, ele mostrou um modo diferente de ver o fenômeno.

A definição de depressão de Becker está ligada à ideia de estagnação e da incapacidade de sair dela: "A depressão resulta de alternativas cognitivamente paralisadas." Isso significa que nosso pensamento nos impede de perceber nossas necessidades e, em seguida, agir para satisfazê-las.

Vejamos um exemplo de alguém com dificuldade de encerrar o luto. Essa pessoa pensa várias e várias vezes: "Sou um péssimo pai. Se tivesse tratado meu filho de outra maneira, ele não teria fugido de casa nem sido atropelado pelo trem, correndo para longe de mim. Eu deveria ter me comportado melhor. O que há de errado comigo? Fui um péssimo pai." Você entendeu. Esse tipo de pensamento pode durar anos e anos e a pessoa pode nunca sair dele. Mas isso não é luto. Isso é ficar estagnado no pensamento moralista, em todos os "deveria". E não leva a lugar nenhum. "Sou uma péssima pessoa" é um pensamento estático. É isso que nos imobiliza.

PARTICIPANTE R: Você pode repetir essa citação e explicá-la um pouco melhor?

MARSHALL: "A depressão resulta de alternativas cognitivamente paralisadas." Traduzindo para minha linguagem, é quando nosso pensamento nos impede de ter consciência de nossas necessidades e de cumprir os passos para atendê-las. Ficamos estagnados em nossos pensamentos.

Darei outro exemplo. Trabalho com pessoas muito deprimidas rotuladas de "bipolares" aqui ou cujas reações são chamadas de "depressivas" acolá. Elas ficam ali, sentadas, muito abatidas, pensando: "Ah, não quero viver." Se eu usar a linguagem empática da Comunicação Não Violenta e perguntar "Pode me dizer quais necessidades suas não estão sendo satisfeitas?", elas me responderão: "Sou um terrível fracasso." Estou perguntando suas necessidades, mas elas me dizem o que são como pessoas: "Sou um péssimo amigo."

Também ficamos estagnados quando nos comparamos com os outros. "Minha irmã é dois anos mais nova do que eu e administra a empresa dela. Olhem só para mim. Não passo de auxiliar de supervisão." Fico estagnado ao comparar. Se você se compara com os outros, precisa ler o livro *How to Make Yourself Miserable*, de Dan Greenburg. Um dos capítulos ensina que, se você não souber como ficar deprimido, basta se comparar com os outros. E, se não souber fazer isso, ele apresenta alguns exercícios. Um deles mostra a imagem de um homem e uma mulher que seriam descritos como bonitos pelos padrões contemporâneos. Todas as suas medidas estão na imagem. O exercício de Greenburg é o seguinte: tire suas medidas, compare-as com as medidas dessas pessoas bonitas e pense na diferença. Mesmo que comece feliz, garanto que, se fizer esse exercício, você terminará arrasado. Ele não para por aí. Quando pensar que já está deprimido o suficiente, vire a página, e ele dirá:

> *Agora, esse é apenas um aquecimento, porque todos sabemos que a beleza é superficial e não tem importância. Vamos agora nos comparar aos outros em dimensões mais importantes. Por exemplo, o que você conseguiu nesta fase da sua vida em comparação com algumas outras pessoas que escolhi ao acaso na lista telefônica. Entrevistei essas pessoas e lhes perguntei o que tinham conseguido; agora você pode se comparar com elas.*

A primeira pessoa que ele achou na lista telefônica foi Mozart. Não sei muito de História, mas acho que Mozart não tinha telefone, por isso não acredito cegamente nas alegações de Greenburg. Seja como for, ele diz que esse tal de Mozart escreveu várias músicas que duraram séculos e se tornaram obras-primas, etc.

PARTICIPANTE R: Começou com 5 anos.

MARSHALL: Começou com 5 anos. Agora compare o que você já alcançou nesta fase da sua vida com o que Mozart realizou aos 5 anos. Dá para ver que se comparar com os outros não vai levá-la a lugar nenhum. Isso pode continuar para sempre e você nunca sai dessa. Esse tipo de pensamento é ensinado nas escolas e amparado pelos fabricantes de antidepressivos. Quanto mais você pensar assim, mais os negócios deles vão prosperar.

O terceiro estágio da cura: reconhecimento das necessidades passadas

Vamos rever rapidamente os estágios por que passamos. Primeiro, a irmã recebeu empatia de mim no papel de irmão. Depois, eu, o irmão, demonstrei o luto – não pedi desculpas, apenas demonstrei o luto –, e isso exigiu a consciência sobre as minhas necessidades não atendidas. Também expressei os sentimentos que acompanharam essa insatisfação. No terceiro estágio do processo de cura, o irmão admitiu à irmã o que acontecia dentro dele quando fez o que fez. Assim, representando o papel dele, eu disse a ela: "Realmente gostaria de lhe dizer o que acontecia dentro de mim na época em que fiz aquilo. Algo na minha mente me dizia que eu deveria ajudá-la e ouvi essas mensagens como se viessem de fora de mim. Entenda, irmã, não estou dizendo que você transmitiu essas mensagens, mas eu as ouvia dentro de mim como uma exigência. E fiquei dividido por dentro: queria ajudá-la, mas, ao mesmo tempo, minha necessidade de autonomia estava ameaçada porque eu ouvia 'tem que' por dentro e por fora."

O quarto estágio da cura: empatia reversa

No quarto estágio, viramos a empatia ao contrário. É muito importante que esse último estágio do processo de cura – alcançar empatia pela pessoa cujo ato estimulou a dor no outro – aconteça quando a pessoa magoada estiver pronta para transmitir empatia. Quase sempre, quem passou por muito sofrimento já ouviu de alguém: "Você deveria demonstrar empatia pelo outro. Se o fizer, se sentirá melhor." Creio ser verdade que a cura é profunda quando conseguimos sentir empatia pelo que acontece com a pessoa que nos estuprou, que nos machucou. Mas pedir que as pessoas façam isso antes de receberem a empatia de que necessitam é apenas mais uma violência contra elas.

Como mais um exemplo, voltemos à mulher da Argélia que mencionei e à parte do processo em que eu representaria a outra pessoa, exprimindo o que acontecia dentro de mim (ele) quando eu (ele) a violei tão terrivelmente. Duas vezes ela gritou para mim: "Como pôde fazer isso?" Ela me perguntava "Como?" porque todos têm sede por entender. Mas, toda vez que ela dizia isso, eu podia ver que ela ainda sentia dor demais para escutar e sentir empatia por mim.

Como eu disse, levo muito tempo para chegar a esses dois últimos estágios do processo de cura. Quero ter certeza de que os outros receberam a empatia de que necessitam. Portanto, digo: "Vou lhe contar, mas antes quero me assegurar de que você recebeu toda a compreensão de que necessita." Quando isso termina, a mulher – ou qualquer pessoa – geralmente está sedenta por sentir empatia por mim, isto é, pela pessoa que a feriu.

PROCESSO X MECÂNICA

PARTICIPANTE S: Certa vez experimentei a CNV com alguém que também a estava praticando. O que realmente me angustia é que, quando tento, a outra pessoa que também pratica diz "Certo, mas você não expressou seus sentimentos" ou "Você não...". Talvez o treinamento tenha que ser meio mecânico no começo, mas a técnica não poderia ser um processo mais natural? Quero ter a liberdade de pular um passo, se for o caso. Por exemplo, você disse que depois da empatia vem o luto. Se eu ficar preso à estrutura a ponto de achar que preciso fazer tudo igualzinho, literalmente, e não tiver vontade de expressar o luto, por exemplo, estarei sendo falso comigo – o que é exatamente o contrário do que penso que você está sugerindo. Tenho mesmo a necessidade de lembrar que a técnica é de grande ajuda, mas que não funciona por si só se não for fiel ao que estou sentindo no momento.

MARSHALL: Gosto muito do que você está dizendo. Ouvi isso de maneira um pouco diferente de uma mulher em Zurique, na Suíça. Ela veio a um workshop e viu marido e esposa trabalhando comigo; presenciou o que aconteceu quando eles se conectaram empaticamente entre si num conflito que enfrentavam havia muito tempo. Ela testemunhou como foi bonito ver a energia no rosto deles quando, pela primeira vez, não pareciam inimigos e se ouviam de verdade. E tinha sido um conflito muito doloroso, com talvez uns 15 anos de duração. A mulher voltou um ano depois e disse: "Sabe, Marshall, no ano decorrido desde que participei de seu workshop, toda vez que estou numa situação difícil trago à consciência a expressão no rosto do marido e da esposa quando se conectaram empaticamente." E completou: "Então, mesmo quando falo de um jeito capaz de ferir ou prejudicar, ainda é CNV." Viu? Ela entendeu da maneira que você entende agora. A mecânica só ajuda na medida em que dá um determinado apoio à nossa conexão. Quando ficamos tão preocupados que tornamos a mecânica nosso único objetivo, perdemos o processo.

Essa é uma das coisas mais difíceis na CNV, porque um dos aspectos que as pessoas afirmam gostar no treinamento é que ele realmente as ajuda a manifestar de forma tangível aquilo em que sempre acreditaram. E gostam do fato de ser um modo concreto de se manifestar. No entanto, essa mesma concretude pode ser uma desvantagem quando o objetivo se torna fazer tudo certo.

DESACELERANDO SEM SE APRESSAR

PARTICIPANTE R: Estou trabalhando e me esforçando em relação a essa questão toda de desacelerar meu corpo e meus relacionamentos para estar mais presente em mim, com os outros e com a vida. Vejo você fazendo essas viagens constantes. Eu acharia inspirador e útil saber se é verdade que você não foi sempre tão lento e aprender um pouquinho sobre como você desacelerou.

MARSHALL: Acho que está ligado ao que o Participante S estava dizendo. No meio da competição insana, é muito importante para mim usar as três palavras que provavelmente mais repeti a mim mesmo nos últimos 40 anos: *Não se apresse.* Essas três palavras lhe dão o poder de fluir na espiritualidade que você escolheu, não naquela para a qual foi programada.

Em meu material para meditação, tenho uma imagem muito poderosa que me ajuda a lembrar a não me apressar. Um amigo meu de Israel é muito ativo na organização de israelenses e palestinos que perderam filhos no conflito e que querem criar alguma coisa a partir do sofrimento. E um dos passos foi escrever um livro em homenagem ao filho que foi morto, usando a energia que lhe trazia sofrimento para ir em outra direção. Ele me deu um exemplar do livro. E, embora fosse escrito em hebraico e eu não pudesse ler, fiquei contente porque, quando o abri, deparei, na primeira página, com a última foto tirada do filho antes de ser morto em combate no Líbano. Na camiseta dele estava escrito: "Não se apresse." Perguntei a meu amigo, o pai/autor, se ele tinha uma foto maior que eu pudesse guardar para ajudar a me lembrar. E revelei por que aquelas palavras eram tão importantes para mim. Ele respondeu:

– Então vou lhe contar uma coisa, Marshall, que provavelmente vai torná-las ainda mais poderosas. Quando procurei o oficial comandante do meu filho para lhe perguntar "Por que o mandou? Não viu que qualquer pessoa que mandasse seria morta?", ele respondeu: "Nós nos apressamos." Foi por isso que pus essa foto do meu filho no livro.

É fundamental para mim ser capaz de desacelerar, de não me apressar, de fluir na energia que escolhi, aquela a partir da qual acredito que temos que agir, não daquela para a qual fui programado.

Meu amigo israelense também disse:

– Marshall, vou lhe dar um poema escrito por um poeta israelense que, quando viu a foto, foi afetado da mesma forma que você.

E o primeiro verso do poema era: "Não se apresse, o tempo é seu, você sabe." Tenho que continuar trabalhando nisso porque, como minha amada parceira não para de ressaltar, sempre esqueço e começo a correr.

EMPATIA POR QUEM MACHUCARIA VOCÊ

PARTICIPANTE R: Ouvi você dizer que as crianças têm uma probabilidade menor de levar uma surra se demonstrarem empatia pela pessoa que está prestes a bater nelas. Suponho que isso também se aplique a adultos. Você tem alguma sugestão ou frases de emergência que possam ser usadas num caso desses?

MARSHALL: Tenho. A primeira coisa a ensinar é nunca jogar um "mas" na cara do pai ou da mãe quando eles estiverem zangados. Portanto, quando papai perguntar "Por que você fez isso?", não responda: "Mas, pai..." Nunca dê explicações.

Em vez disso, o mais depressa possível, preste atenção no que seu pai está sentindo e no que está necessitando. Tenha consciência de que ele não está com raiva de você; não foi você que o aborreceu. Mas ouça sua raiva e ouça qual necessidade dele não está sendo atendida.

Treinamos, treinamos, treinamos. Mas uma coisa é falar sobre isso na teoria, outra bem diferente é, quando alguém está prestes a nos bater, saber como nos conectar empaticamente com o que está vivo naquela pessoa. Ensinamos à polícia como fazer isso em situações perigosas. Várias pesquisas documentaram que os policiais têm uma probabilidade muito maior de sair vivos quando lidam com gente violenta se estiverem armados com a empatia em vez de armas de fogo.

Mas pedir que crianças façam isso é um desafio ainda maior. Portanto, temos que treinar muito as crianças. Se estiver rodeado de pais que acham que sempre sabem o que é certo e que quando os outros estão errados devem ser punidos, é provável que você também bata no seu filho. Até conseguirmos alcançar os pais com quem a criança mora, ensinamos a elas a melhor defesa pessoal que conhecemos: a conexão empática.

LIDANDO COM NOSSO PRÓPRIO COMPORTAMENTO RAIVOSO

PARTICIPANTE S: Como você lida com o próprio comportamento violento quando já se comunicou com outra pessoa, passou por tudo e chega ao ponto em que parece que vai explodir? Quando o trânsito está ruim, quando vai para o aeroporto, sei lá.

MARSHALL: Se você me seguir quando eu sair daqui hoje à noite, provavelmente verá umas 20 situações como essas daqui até minha chegada a Santa Barbara. Minha parceira está dormindo agora, senão ela poderia confirmar.

PARTICIPANTE S: E você passa por todo esse processo de se acalmar mentalmente e fazer tudo isso?

MARSHALL: Passo. Hoje sofro uns 30 segundos em vez de três horas. Mas ainda fico ativado. Veja bem, há essa raça terrível chamada "gente lerda". Quando quero avançar na fila para comprar entradas para o cinema e só quero me sentar e relaxar, essa raça de gente, esses imbecis, estão por todo o maldito planeta e foram colocados aqui para me irritar. É uma conspiração internacional para testar minha paciência na Comunicação Não Violenta.

PARTICIPANTE S: Então você usa algum truque ou tem uma carta na manga para combater isso? Conta até 10 ou algo assim?

MARSHALL: Não, minha raiva é valiosa. Na verdade, é uma bênção. Quando fico com raiva, sei que preciso desacelerar e olhar o que estou dizendo a mim mesmo. Preciso traduzir os julgamentos que me deixam furioso e entrar em contato com as minhas necessidades.

PARTICIPANTE S: Então você acredita que a raiva se justifica em determinadas situações?

MARSHALL: A raiva sempre se justifica, no sentido de que é o resultado inevitável do pensamento alienado da vida e causador de violência. A raiva não é o problema. O pensamento que acontece dentro de nós quando a sentimos é que é.

PARTICIPANTE S: E qual é o processo que você usa para lidar com isso?

MARSHALL: Desacelero e assisto ao espetáculo do julgamento que acontece na minha cabeça. Não digo a mim mesmo que "não deveria" pensar assim. Isso é perpetuar o pensamento. Não digo que está errado. Não digo a mim mesmo o que meu filho me perguntou certa vez, quando expressei esses pensamentos julgadores em voz alta: "E você ainda anda pelo mundo ensinando comunicação?" Tento não dizer a mim mesmo: "Acho que não se justifica." Apenas observo, me conecto com a necessidade que está por trás e me ofereço empatia. Ouço a necessidade por trás desse pensamento moralista.

Por exemplo, posso estar irritado porque gostaria que a fila andasse mais depressa, mas nos 10 minutos que ficarei nessa fila não vou pôr mais estresse em meu coração. (Aliás, as pesquisas médicas mostram uma grande correlação entre o pensamento "tipo A", que é o que chamo de pensamento moralista ou julgador, e as cardiopatias.) Portanto, procuro desacelerar o estresse sobre o meu coração em vez de ficar 10 minutos naquela fila com raiva da pessoa da frente que fica um tempão conversando com o bilheteiro. "Eles não sabem que estou aqui?" Posso deixar esse estresse corroer meu coração ou escolher de fato transformar essa frustração. Se desacelerar, posso pensar no que fazer nesses 10 minutos, como levar algo para ler enquanto espero.

PARTICIPANTE S: O objetivo final é não ser perturbado por isso de jeito nenhum? É assim que você se vê no fim das contas?

MARSHALL: O objetivo final é passar o máximo de tempo possível naquele mundo de que fala o poeta Rumi: "um lugar além do certo e do errado".

APRENDENDO A LIDAR COM PESSOAS DIFÍCEIS

PARTICIPANTE S: Além do certo e do errado, acho que todos temos nossos condicionamentos, uma determinada química e afinidade com certas pessoas e não com outras – com base em nossa criação, em nossos hábitos pessoais, etc. É comum eu não saber como me sentir genuinamente aberto e afetuoso com pessoas diferentes, muito diferentes de mim. E não estou falando de racismo. Podem ser pessoas com hábitos diferentes, modos diferentes de fazer as coisas, e fico confuso, sem saber como desenvolver mais tolerância. É mais difícil fazer isso nesta sociedade politicamente correta que diz que devemos ser tolerantes.

MARSHALL: Primeiro, tire daí a palavra *devemos*. Enquanto eu pensar que "devo" fazer alguma coisa, vou resistir a ela, mesmo que queira muito realizá-la. Ouvir "dever", por dentro ou por fora, tira toda a alegria da execução da coisa. Tento nunca fazer nada que eu *deva*. Em vez disso, adoto a sugestão de Joseph Campbell. Depois de estudar mitologia e religião comparada durante 43 anos, Campbell disse: "Sabe, depois de toda a minha pesquisa, é espantoso que todas as religiões digam a mesma coisa: não faça nada que não seja divertido." Não faça nada que não seja divertido. Ele também disse isso de outra maneira: "Siga sua felicidade." Flua nessa energia de deixar o mundo divertido e aprenda com ele.

Vamos conversar um minuto sobre "tolerância". Não suporto ficar perto de muita gente, mas são essas pessoas meus melhores gurus. Elas me ensinam o que acontece dentro de mim que torna difícil ver a energia divina delas. Quero aprender com tudo que me impeça de me conectar com essa energia. Felizmente, há muita gente que não suporto, portanto tenho muitas oportunidades de aprendizado. Treino. Pergunto: "O que essas pessoas fazem que me leva a julgá-las?" Primeiro, tento deixar claro o que fazem, depois tento ter consciência de como julgo aqueles que me despertam tanta raiva. O terceiro passo é olhar através do meu julgamento para ver qual necessidade específica minha não é atendida em relação a essas pessoas. Tento me oferecer empatia por essa minha demanda que não é satisfeita em relação a elas. Em quarto lugar, digo a mim mesmo: "Quando as pessoas agem desse jeito que não me agrada, a que necessidade pessoal elas estão tentando atender?" Tento sentir empatia pelo que está vivo nelas quando fazem isso. Essas pessoas que não consigo suportar são meus melhores professores de Comunicação Não Violenta quando faço esse exercício com elas.

RAIVA DAS MÃES

PARTICIPANTE S: Você estaria disposto a me ajudar na cura com relação à minha mãe? Vou visitá-la no Dia de Ação de Graças.

MARSHALL: Vamos lá. Serei sua mãe e você faz o papel de si mesmo.

MARSHALL COMO MÃE: Bom, filho, agora que estou com minhas orelhas da empatia, gostaria muito de ouvir algo que esteja vivo em você e que torne pouco agradável estar perto de mim.

PARTICIPANTE S: Por onde começo?

MARSHALL COMO MÃE: Ah, ótimo, há muito a aprendermos.

PARTICIPANTE S: Estou muito decepcionado, zangado e desanimado e me desespero ao ver como você é negativa, como vive procurando o que criticar no mundo, em mim, na vida, no governo. Sinto raiva por você ter pintado essa imagem de que o mundo é um lugar horrível e ter ensinado isso a mim e às minhas irmãs.

MARSHALL COMO MÃE: Vejamos se consigo entender. Ouço aí duas mensagens importantes que não quero deixar passar. Em primeiro lugar, se o ouvi corretamente, você gostaria que eu compreendesse como é doloroso para você estar perto de mim quando sinto tanta dor e como você sente que está o tempo todo sob a pressão de ter que lidar com isso.

PARTICIPANTE S: Isso.

MARSHALL COMO MÃE: E a segunda coisa que ouço é que você gostaria de receber de mim compreensão em relação à grande dor que você carrega por ter sido exposto a isso por tanto tempo e que desejaria não ter tanta dor no modo como vê as coisas.

PARTICIPANTE S: Isso está certo em parte. Estou com raiva porque parece que tenho que lutar dentro de mim para preservar minha capacidade de escolha, de perceber as coisas do jeito que quero.

MARSHALL COMO MÃE: Então como seria maravilhoso se você não tivesse que se esforçar tanto para viver num mundo que é bem diferente daquele que lhe pintei.

PARTICIPANTE S: É.

MARSHALL COMO MÃE: É. Como você gostaria de viver naquele outro mundo e como é triste ver tanta energia sua indo para o mundo no qual ensinei você a viver.

PARTICIPANTE S: Pois é, soa como se estivesse jogando a culpa em você, e é, mas é o que penso agora.

MARSHALL COMO MÃE: Não posso ouvir culpa, filho. Estou com minhas orelhas da CNV. Só consigo ouvir beleza.

PARTICIPANTE S: Estou com raiva por você sentir tanta dor que isso é tudo o que mostra, porém você não diz: "Sinto muita dor, mas você não precisa sentir." E sinto raiva por não ter recebido nenhum incentivo para escolher um modo diferente de ver o mundo, e quando apresento um jeito distinto, você se sente ameaçada e tenta desvalorizar e diminuir o que percebo.

MARSHALL COMO MÃE: Quero reproduzir isso e verificar se a situação ficaria mais suportável para você se, enquanto sentia dor, eu tivesse dito: "Ei, isso é apenas meu jeito de ver as coisas, não estou incentivando você a fazer o mesmo." Mas apresentei isso de uma forma que fez parecer que o mundo era assim e, quando criança, você internalizou essa visão. E agora é isso que torna tão difícil para você viver no mundo que escolheu, e não no que pintei para você.

PARTICIPANTE S: Isso. E me vejo muito naquele lugar de criança quando estou com você. Não tenho o distanciamento que sinto que precisaria para dizer: "Ah, mamãe é assim mesmo." Parece que ouvir seus sentimentos ainda ameaça minha autonomia.

MARSHALL COMO MÃE: É, você ouve esses sentimentos, perde a conexão com o mundo onde quer estar e entra no que pintei para você.

PARTICIPANTE S: Pois é. E estou preocupado, porque vou visitar você no Dia de Ação de Graças e sei que muitas estratégias que usei no passado ainda estão vivas dentro de mim, como assentir fingindo escutar, quando na verdade sinto raiva e já não estou mais ali. Tenho muito medo de expressar meus verdadeiros sentimentos e de acabar agindo da mesma maneira de novo. E, caso tente ser autêntico com você, tenho medo de ser criticado por ter esses sentimentos.

MARSHALL COMO MÃE: Você detesta estar nessa situação em que as únicas opções que consegue imaginar são se esconder ou tentar ser franco e criar a maior confusão. Você realmente gostaria que houvesse alguma outra conexão entre nós além dessa.

PARTICIPANTE S: Pois é. E fico preocupado com a parte de mim que está tão magoada com isso que quero constrangê-la e provar que está errada.

MARSHALL COMO MÃE: O modo como sofreu é tão forte aí dentro que você necessita desesperadamente dessa compreensão de como pagou caro por isso.

PARTICIPANTE S: Sim. Mas ser autêntico e causar confusão não é o que mais me assusta, porque tenho alguma prática em ajeitar a situação. O que odeio em mim é que sou capaz de ficar paralisado e simplesmente não estar presente. E não cuidar de mim nem falar o que penso. Fico preocupado com essa tendência.

MARSHALL COMO MÃE: Então, por mais desconfortável que seja para você se imaginar dizendo o que pensa e tendo que ajeitar a situação, isso é menos venenoso do que continuar se escondendo sem se expressar, por mais assustador que isso seja.

PARTICIPANTE S: Fico com muita dor ao internalizar os rótulos "sensível demais" e "hipersensível", usados por você para expressar que está sobrecarregada quando ouve meus sentimentos.

MARSHALL COMO MÃE: Sim, sim, sim. Você gostaria de superar isso e ouvir minha dor sem absorver as críticas, mas para você é uma tensão e tanto fazer isso.

PARTICIPANTE S: Exato.

MARSHALL COMO MÃE: Há mais alguma coisa que gostaria que eu ouvisse antes de responder?

PARTICIPANTE S: Estou muito preocupado com toda a mágoa que ainda está viva dentro de mim e como ela transborda quando quero provar que você está errada, quando quero constrangê-la e atacá-la pelo que acho que fez comigo.

MARSHALL COMO MÃE: Sim, a mágoa aí dentro é muito grande e você precisa colocá-la para fora. Mas tem medo de que, quando ela sair, eu a interprete de um jeito que nos deixaria ainda mais distantes um do outro. E não é isso que você quer. Mas quer ser capaz de pôr essa dor para fora e lidar com ela.

PARTICIPANTE S: Sim, fico com medo de intelectualizar. Gostaria de ter permissão, permissão psíquica, de apenas gritar e bater os pés e não dizer nada. Gostaria que isso fosse ouvido, porque nos refugiamos dentro da nossa própria cabeça, e odeio isso.

MARSHALL COMO MÃE: Pois é. E você quer se assegurar de que, se usarmos palavras, elas realmente nos conectem à vida e não nos afastem ainda mais dela. No momento, é difícil imaginar alguma palavra que faça isso. Parece que, para pôr toda a dor para fora, você só precisa gritar, bater os pés ou algo assim.

PARTICIPANTE S: E também estou conectado com uma parte de mim que só quer voltar para casa e receber o carinho que não recebi quando criança, e temo que não seja muito realista pensar que ela pode ser atendida.

MARSHALL COMO MÃE: Então há mais do que apenas resolver toda essa mágoa. Você realmente sonha em ter um relacionamento carinhoso, de se sentir valorizado, de apreciar a convivência. Isso parece tão distante, dada toda a dor por que você está passando, que é difícil até imaginar que poderíamos chegar a esse estágio de sermos carinhosos de verdade um com o outro.

PARTICIPANTE S: Aham. Para ser franco, é difícil até imaginar você fazendo isso, porque está muito envolvida em seu próprio sofrimento.

MARSHALL COMO MÃE: Isso. Muito difícil até de imaginar. Há mais alguma coisa que queira que eu ouça antes de responder?

PARTICIPANTE S: Sabe, se você for falar de como odeia o presidente, mesmo que eu concorde, não quero ouvir, e fico com vontade de lhe dar um soco na cara.

MARSHALL COMO MÃE: Então, seja do que for que eu fale, seja do presidente ou de qualquer outra coisa, assim que vê minha dor, você sente tanta dor que não quer mais permanecer nesse lugar.

PARTICIPANTE S: Não faço ideia do porquê, intelectualmente, mas basta ouvir você externar seus julgamentos sobre os outros que me irrito. Não quero ser uma caixa de ressonância das suas histórias. Se visse você liberando sua dor e recebendo empatia por isso, seria diferente, mas...

MARSHALL COMO MÃE: Você não aguenta mais sentir que tem que lidar com essa dor sem saber como e se sentindo péssimo. Você quer outra coisa além de assumir esse papel em seus relacionamentos. Está cansado de ter que escutar isso e depois, de algum modo, fazer com que eu me sinta melhor.

PARTICIPANTE S: Aham. Eu queria conseguir gostar disso. Sabe? Ouvir seus julgamentos como ouço os de um amigo. Às vezes, você e eu nos divertimos ferindo um ao outro. E não estou presente, porque tenho essa voz crítica dentro de mim me dizendo que a responsabilidade é minha.

MARSHALL COMO MÃE: Você percebe que parte da questão é dizer a si mesmo que precisa dar um jeito de me consertar, de consertar a sua mãe? Mas você também quer que eu veja que há coisas que digo e faço que provocam isso.

PARTICIPANTE S: É, seria muito bom para mim se você dissesse: "Sabe, sinto dor e gostaria de desabafar. Você pode me ouvir?" Só pedir permissão. Então eu poderia satisfazer minha necessidade de respeito.

MARSHALL COMO MÃE: Pois é. Gostaria de responder agora. Pode me ouvir ou quer que eu ouça mais?

PARTICIPANTE S: Eu poderia dizer muito mais, mas tudo bem ouvir você agora.

MARSHALL COMO MÃE: Bom, fico muito aliviada por você não ter desistido do nosso relacionamento, por ainda estar trabalhando para tentar torná-lo não só suportável, mas também carinhoso. E tenho certeza de que você quase desistiu. Mal posso explicar quanto isso é uma dádiva para mim – que, apesar da dor de que me fala, você ainda nutra a esperança de que possamos aprender a ser carinhosos um com o outro.

PARTICIPANTE S: Não sei se tenho essa esperança, mas sei que, se trabalhar nisso um pouquinho, vou me relacionar melhor com as mulheres em geral.

MARSHALL COMO MÃE: Portanto, mesmo que não consiga imaginar receber carinho de mim, você esperaria pelo menos conseguir isso de outras mulheres.

Queria lhe contar sobre tudo que foi estimulado em mim pelo que você disse, mas, no momento, há apenas uma tristeza horrível, porque vejo que lidei com minha dor de um jeito que não satisfez uma das necessidades que tive a vida inteira, a mais forte em que consigo pensar: a de lhe dar amor e carinho. E porque vejo que, em vez de cuidar de você e amá-lo como eu gostaria, causei-lhe tanta dor. É extremamente assustadora a profundidade da minha tristeza por isso. É uma coisa por que tive que passar, mas contribuir para toda essa sua dor é muitíssimo doloroso. E gostaria de saber como você se sente quando me ouve dizer isso.

PARTICIPANTE S: Eu me sinto meio entorpecido. Acho que estou me protegendo.

MARSHALL COMO MÃE: Era o que eu temia, que mesmo agora você sentisse que tem que fazer algo para resolver tudo. Gostaria muito que você soubesse que, com essas orelhas, só quero empatia. Nada mais. E, se não puder me dar empatia, consigo ouvir isso sem ouvir rejeição nem criar mais dor.

Portanto, posso ouvir que você está meio entorpecido e que uma parte sua quer se envolver com o que estou dizendo, mas outra parte tem medo de cair no velho agora-você-tem-que-fazer-algo-para-resolver-as-coisas.

Agora gostaria de lhe dizer o que acontece dentro de mim quando percebo ter agido desse jeito no decorrer dos anos. Quando descubro o modo como você queria que eu falasse, tenho muita vontade de chorar, porque vejo que eu gostaria de ter dito as coisas dessa maneira. Então me pergunto o que me impediu, e é aí que tenho vontade de chorar. Não consigo nem imaginar que alguém realmente se importe com o que acontece comigo. E então o que você disse me ajudou a perceber que venho pedindo por isso de um modo que cria uma profecia autorrealizável. Pedindo assim, como alguém poderia querer me atender? E sinto uma tristeza muito profunda por não conhecer outra maneira de dizer "Ei, estou com dor e preciso de atenção".

Não quero que você assuma a responsabilidade pela minha dor. Só preciso sentir de algum jeito que alguém se importa com o que acontece comigo. A única maneira de pedir isso provocou exatamente o contrário do que eu esperava em quase todo mundo, desde que eu era criança. Nunca tive a sensação de que minhas necessidades importavam a alguém. Portanto, pedir de um modo que a outra pessoa gostasse de ouvir não era uma possibilidade. Eu apenas fico desesperada e me expresso da única forma que conheço: desesperada. Então vejo como isso afeta os outros e fico ainda mais desesperada.

Gostaria de saber como você se sente quando lhe digo isso.

PARTICIPANTE S: Triste, mas um tanto aliviado por ser capaz de ouvir parte do que está por trás da urgência da sua expressão. Sinto certo alívio por me conectar com isso.

MARSHALL COMO MÃE: Estou me sentindo muito vulnerável com essa nossa revelação. Como você se sentiria se eu perguntasse ao grupo a reação de todos ao que estamos dizendo?

PARTICIPANTE S: É provável que eu goste.

MARSHALL COMO MARSHALL: Tudo bem. Alguém tem algum sentimento ou reação ao nosso diálogo?

Reações à representação de papéis

PARTICIPANTE R: De certo modo, sinto meu coração sorrir quando vejo homens sendo receptivos de um jeito tão compassivo. É um novo tipo de experiência para mim.

MARSHALL: [Brincando.] Não somos homens *de verdade*.

PARTICIPANTE R: Esta representação abre para mim uma nova possibilidade para a maneira que os homens agem. Por isso, fico agradecida.

PARTICIPANTE T: Também fico agradecida. A representação tocou profundamente meu coração porque minha mãe e eu temos uma dinâmica parecida, e ainda não tinha achado uma forma eficaz de lidar com ela. Isso meio que me levou para um lugar de desesperança. Enquanto escutava Marshall demonstrar o luto no papel de mãe, com a tristeza causada pela intenção de deixar o filho feliz e como isso era importante para ela, recebi alguma cura, por saber que isso é que é importante para minha mãe: a intenção dela nunca foi dificultar a minha vida. Foi terapêutico para mim ouvir o que ela pode ter sentido e ouvir o diálogo de vocês. Gostei muito.

PARTICIPANTE U: Bom, sinto-me muito grato pela experiência, porque pude realmente sentir a humanidade por trás das palavras de vocês.

Não sei se alguém já ouviu falar de "vibrações", mas em certo momento senti algo que apagou a separação entre mim e cada um nesta sala. Eu me senti conectada de verdade. Por outro lado, fico um pouco triste porque gostaria muito de ver as pessoas – inclusive eu – felizes, sabe? E estou percebendo o que você queria dizer quando representou o papel de mãe: que há algo que bloqueia a humanidade em cada um de nós, e é espantoso como a solução pode ser rápida quando uma ou talvez as duas pessoas são capazes de se abrir. Acho que a técnica ajuda muito, mas também tem a ver com sua capacidade de se conectar com seu coração; tem a ver com a presença que senti. Como acreditar em Deus. Acho que é uma boa descrição do que senti naquele momento. Muitíssimo obrigado.

PARTICIPANTE S: O que está vivo em mim é minha tristeza quando me identifico com você, quando reconheço que desisti de curar meu relacionamento com minha própria mãe... Como eu iria curar meu relacionamento com as mulheres sem lidar com minha mãe? E não sei como abordá-la, nem mesmo se devo, porque acho que na verdade ela não conseguiria me responder assim.

MARSHALL: Como acha que ela reagiria se ouvisse essa gravação?

PARTICIPANTE S: Não sei. Foi terapêutico para mim; talvez ela possa encontrar alguma cura.

MARSHALL: Gostaria que você tentasse. Se funcionar, me ligue para me contar. E, se só piorar as coisas, ligue para minha equipe.

PARTICIPANTE R: Também sinto esperança depois de ouvir isso – não que eu consiga me manter presente aos sentimentos e necessidades o tempo todo, de jeito nenhum, mas sinto uma ponta de esperança. Mesmo que eu estrague tudo, há alguma esperança e energia em tentar fazer a mesma coisa com meu irmão. Obrigada.

A DÁDIVA DA MÃE DE MARSHALL

MARSHALL: Gostaria de compartilhar com vocês uma dádiva que recebi. Eu nutria uma dor muito parecida em relação à minha mãe e você estava falando como se fosse eu. Quero lhe contar uma importante cirurgia que me ajudou a sair dessa – uma cirurgia não em mim, mas pela qual minha mãe passou – num dos meus workshops a que ela compareceu.

No workshop, as mulheres do grupo estavam falando de como era assustador para elas, enquanto mulheres, expressar as próprias necessidades diretamente e como seus relacionamentos pessoais com os homens eram muito prejudicados por isso. A única maneira que conheciam de mostrar o que precisavam tinha o efeito oposto ao que queriam. E isso as deixava mais amarguradas, o que piorava a situação.

Uma após outra, as mulheres disseram que era muito difícil expressar as próprias necessidades. Minha mãe se levantou e foi ao banheiro. Comecei então a ficar preocupado, porque ela ficou lá um tempão. Quando voltou, notei que estava pálida e perguntei:

– Mãe, você está bem?

– Agora estou – disse ela. – Foi muito angustiante para mim ouvir a discussão, porque, quando ouvi as mulheres falando sobre como era difícil para elas dizer o que precisam, me lembrei de uma coisa.

– Pode me contar o que foi, mãe? – pedi.

E ela me contou esta história:

– Quando eu tinha 14 anos, minha irmã, sua tia Minnie, teve que extrair o apêndice. Sua tia Alice lhe comprou uma bolsa. Como adorei a bolsa, eu faria qualquer coisa para ter uma igual. Mas em nossa família a gente nunca pedia o que queria ou o que necessitava. Se pedíssemos, ouvíamos dos mais velhos: "Você sabe que somos pobres. Como ousa pedir algo de que necessita?" Mas eu queria tanto a bolsa que comecei a me queixar de dores na lateral do corpo. Levaram-me a dois médicos que não acharam nada, mas o terceiro disse que talvez devêssemos fazer uma cirurgia exploratória.

Tiraram o apêndice da minha mãe. E deu certo: tia Alice lhe comprou uma bolsa igualzinha à que ela queria mas não podia pedir.

Porém não foi esse o fim da história. Minha mãe continuou:

– Eu estava deitada na cama do hospital, sentindo muita dor, mas superfeliz. A enfermeira veio, enfiou o termômetro em minha boca e depois saiu. Então outra enfermeira entrou. Queria que ela visse minha bolsa, mas só consegui dizer "humm, humm, humm" por causa do negócio na boca. A enfermeira disse: "Para mim? Obrigada!" E levou a bolsa. Nunca pude pedi-la de volta.

Essa foi uma grande dádiva que minha mãe me deu, porque, ao ver como era difícil para ela expressar as próprias necessidades, o que ela tinha passado por causa disso, consegui perceber tudo que eu odiava nela. Entendi que, quando pedia coisas que só me deixavam exasperado, havia desespero por trás. Fui capaz de compreender por que ela não sabia simplesmente falar. E, assim, essa grande cirurgia me ajudou a sair dessa. Ajudou muito.

PARTICIPANTE T: Participante S, realmente admiro sua disposição a ficar vulnerável e expressar toda a sua raiva, sua mágoa e sua dor. Talvez você se surpreenda e sua mãe esteja disposta a se abrir e fique ansiosa por isso. Vou comprar a gravação e levá-la a meu filho.

PARTICIPANTE S PARA MARSHALL: Pode dizer algumas palavras para encerrar meu diálogo com você? Estou pensando em levar a gravação e colocá-la para minha mãe ouvir na próxima vez em que eu for visitá-la, e essa ideia me provoca muito medo. O que estou dizendo a mim mesmo é que falamos coisas muito duras e fortes no diálogo e, embora eu não tenha nenhuma esperança de um relacionamento melhor com minha mãe, temo que ela talvez não seja capaz de ouvir tudo isso como apenas um desabafo meu.

MARSHALL: Esse é um risco. Por outro lado, se ela ouvir por tempo suficiente para perceber como escutei a beleza por trás do que você estava dizendo, também estará aprendendo Comunicação Não Violenta.

PARTICIPANTE S: Acabei de notar que, antes de colocar a gravação para tocar, posso lhe explicar que algumas coisas que eu disse tiveram apenas o propósito de expressar a emoção fortíssima do momento. Isso ela entende muito bem. Foi ela quem me ensinou.

MARSHALL: E então você pode dizer: "Mãe, quero que você veja como Marshall lidou com isso representando seu papel. E depois gostaria que você me dissesse como se sentiu com o modo como ele a representou. Como ele lidou com isso quando o xinguei."

PARTICIPANTE S: Estou com medo de que ela queira ter você como filho.

PARTICIPANTE R: Eu quero Marshall como mãe.

RESUMO

Há *quatro estágios principais* para a criação de uma ponte de empatia entre pessoas que buscam cura ou reconciliação num relacionamento significativo.

Primeiro estágio: conexão empática

1. **Estar presente:** Demonstro empatia a alguém que está magoado, com raiva ou com medo ficando inteiramente presente diante do que está vivo nessa pessoa, sem julgamentos, diagnósticos nem conselhos.

2. **Conectar-se com sentimentos e necessidades atuais e verificá-los:** *Só* faço isso em voz alta *se*:
    - minha intenção for confirmar que entendi com exatidão e me conectei com a pessoa, e
    - sentir que a pessoa está vulnerável e talvez aprecie minha empatia verbal. Meu foco é o que está vivo dentro dela naquele momento (em consequência do que aconteceu no passado), e não na história ou nos acontecimentos passados.
3. **Permanecer na empatia:** Fico presente para a pessoa até receber sinais visíveis de que ela terminou (por exemplo, um sinal de que está aliviada ou silêncio).
4. **Verificar:** Pergunto: "Há algo mais que você queira dizer?"
5. **Receber pedidos pós-empáticos:** O que a pessoa quer receber de mim nesse momento? Informações? Conselhos? Saber como me sinto depois de ouvi-la falar?

Lembre-se de distinguir empatia de solidariedade. Na empatia, estou inteiramente presente com os outros enquanto *eles* têm seus sentimentos. Na solidariedade, estou de volta a mim, sentindo meus sentimentos.

Segundo estágio: luto

Na CNV, o luto exige tomar consciência de minhas necessidades atuais não atendidas em consequência de escolhas específicas que fiz no passado. Por exemplo, na representação de papéis entre irmão e irmã, o irmão diz algo como: "Irmã, quando vejo que minhas atitudes contribuíram para sua dor, fico muito triste. Não satisfiz minha necessidade de cuidar de você e apoiá-la do jeito que realmente gostaria." Enquanto passa pelo luto, o irmão também se conecta com o sentimento que surge agora (tristeza) a partir daquelas necessidades não atendidas (cuidar da irmã e apoiá-la).

O luto da CNV não é pedir desculpas. Desculpar-se se baseia em julgamentos moralistas que envolvem admitir que alguém agiu, ficando subentendido que algum grau de sofrimento possa "compensar" isso. No luto da CNV, eu me pergunto se minha atitude atendeu às minhas necessidades. Se a resposta é negativa, pergunto-me quais necessidades não atendi e como estou me sentindo a respeito disso.

Terceiro estágio: reconhecimento das necessidades passadas (que me levaram a me comportar como me comportei)

Depois dos estágios da conexão empática e do luto, a pergunta mais sincera que posso ouvir é: "Mas por que você fez isso?" Eu me certifico de que a pessoa tenha recebido toda a empatia necessária antes de passar para este estágio em que abordo a questão me conectando às necessidades que eu estava tentando atender quando me comportei daquela maneira.

Por exemplo, na representação de papéis entre mãe e filho, depois de demonstrar empatia pelo filho e exibir seu luto na presença dele, a mãe admitiu o que a levou a se comportar daquela maneira com a família. "Nunca tive a sensação de que minhas necessidades importavam a alguém. Eu apenas ficava desesperada e me expressava do único jeito que conhecia: com desespero. Então vi como isso afetava os outros e fiquei ainda mais desesperada. Senti uma tristeza muito profunda por não conhecer outra forma de dizer 'Ei, estou sentindo dor e preciso de atenção'."

Assim como o luto é diferente de pedir desculpas, o perdão compassivo da mãe a si mesma com base na conexão com os próprios sentimentos (desespero, dor) e as próprias necessidades (de atenção carinhosa e de "ter importância") do passado é diferente da racionalização e da negação de responsabilidade.

Quarto estágio: empatia reversa

Depois que recebeu total empatia, ouviu meu luto e entendeu as necessidades que eu estava tentando atender com meu comportamento, a pessoa sentirá o desejo natural de me devolver a empatia. Quando isso acontece, completamos o último estágio da cura. No entanto, é muito importante que isso só ocorra quando houver a ânsia genuína por parte do outro por sentir empatia por mim. Qualquer sensação de pressão ou convite prematuro só vai contribuir para aumentar a dor do outro.

Nota do editor: No workshop transcrito neste capítulo, Marshall cita esse estágio final da cura, mas não o demonstra com representação de papéis.

4
O propósito surpreendente da raiva

Para além do gerenciamento da raiva:
como encontrar sua virtude

Neste capítulo, gostaria de compartilhar meu ponto de vista sobre o papel da raiva em nossa vida. Espero estimular você a afastar a ideia de que essa emoção deve ser reprimida. Em vez disso, a raiva é uma dádiva que nos desafia a nos conectar com as necessidades não atendidas que a provocaram. Também vou revelar concepções errôneas comuns sobre esse sentimento e como ele é um produto do pensamento. A discussão desse tema é muito útil para a compreensão da CNV porque toca em muitas de suas distinções básicas. Viver de coração, fazer observações sem julgamentos, ter clareza sobre seus sentimentos e necessidades, fazer pedidos claros e promover conexões que enriqueçam a vida – tudo isso tem a ver com o modo como você reage à raiva.

A RAIVA E A CNV

Quando se trata de gerenciar a raiva, a CNV mostra como usá-la como um alerta para nos revelar que estamos pensando de um modo que provavelmente não atenderá à nossa necessidade e nos levará a interações que não serão construtivas para ninguém. O treinamento em CNV insiste que é perigoso pensar na raiva como algo a ser reprimido ou ruim. Quando a identificamos como o resultado de algo que está errado conosco, a tendência é querer reprimi-la, e não lidar com ela. Esse uso da raiva – de repressão e negação – costuma nos levar a expressá-la de uma maneira que pode ser perigosíssima para nós e para os outros.

Pense em quantas vezes você leu notícias sobre assassinos em série e sobre como as pessoas que os conheciam os descreveram. Uma descrição bastante típica é: "Ele sempre foi uma pessoa muito boa. Nunca o ouvi levantar a voz. Não parecia ter raiva de ninguém." Na CNV, estamos interessados em usar a raiva para nos ajudar a chegar às necessidades que não estão sendo atendidas dentro de nós, que estão na raiz dessa emoção.

Muitos grupos com que trabalho no mundo inteiro testemunharam as consequências de se ensinar que a raiva é algo a ser reprimido. Eles viram que, quando as pessoas aprendem que a raiva é algo a ser evitado, elas podem ser oprimidas por ela, porque se obrigam a tolerar qualquer coisa que esteja acontecendo. No entanto, também tenho reservas em relação a alguns que, em resposta a essa preocupação, defenderam o cultivo ou o "desabafo" da raiva sem compreender suas raízes nem transformá-la. Alguns estudos indicaram que os programas de gerenciamento da raiva que simplesmente incentivam os participantes a liberá-la – surrando almofadas, por exemplo – só trazem esse sentimento ainda mais à tona e deixam os participantes mais suscetíveis a exprimi-lo posteriormente de maneira perigosa para si e para os demais.

O que queremos fazer quando usamos a CNV para gerenciar a raiva é ir mais fundo nela, ver o que está acontecendo dentro de nós quando ficamos furiosos, ser capazes de chegar à necessidade que está na raiz dessa emoção e então atendê-la. Para ser didático, às vezes digo que a raiva é como a luz de alerta no painel do carro: ela transmite informações úteis sobre as necessidades do motor. Ninguém vai querer escondê-la, desligá-la ou ignorá-la. É preferível desacelerar o carro e descobrir o que essa luz está tentando lhe dizer.

Funciona, mesmo que só uma pessoa a aplique

Em minha experiência, quando consigo manter minha atenção na raiva como um alerta, não importa como o outro está se comunicando: ambos permanecemos conectados. Em outras palavras, a CNV funciona mesmo que só um lado a aplique.

Não é muito difícil manter o foco nessa direção. No entanto, pode ser assustador, porque dizer de forma transparente como estamos e o que gostaríamos sempre exige vulnerabilidade da nossa parte. O processo pode fluir bastante bem quando ambos os lados passaram pelo treinamento, mas quase todo mundo com quem trabalho tenta estabelecer esse fluxo de comunicação com alguém que provavelmente nunca frequentará workshops de CNV. Portanto, é importantíssimo que esse processo funcione com todos, não apenas com quem aprendeu a se comunicar dessa maneira.

Uma das coisas em que insistimos em nosso treinamento intensivo é como permanecer no processo, não importa como o outro esteja se comunicando. Em certo sentido, a raiva é um modo divertido de mergulhar mais profundamente na CNV, mesmo que você esteja começando o processo pela primeira vez. Quando você se enraivece, isso torna nítidos muitos aspectos do processo da CNV, ajudando-nos a ver como ela difere das outras formas de comunicação.

A abordagem da raiva pela CNV envolve vários passos. Explicarei cada um deles usando o exemplo de um rapaz numa prisão da Suécia. Eu estava trabalhando com ele numa sessão de treinamento de prisioneiros, mostrando aos participantes que a CNV pode ser usada para gerenciar a raiva.

QUATRO PASSOS PARA LIDAR COM A RAIVA

Primeiro passo

O primeiro passo para lidar com a raiva usando a CNV é ter consciência de que *o estímulo ou gatilho não é a causa da raiva*. Em outras palavras, não é simplesmente o que os outros fazem que nos enfurece; na verdade, a real causa da raiva é algo dentro de nós que reage ao que fizeram. Esse passo exige que sejamos capazes de separar o gatilho da causa.

Na situação com o preso, no mesmo dia em que estávamos nos concentrando nesse assunto, ele estava irado com as autoridades da penitenciária. E ficou muito contente de nos ter lá para ajudá-lo a lidar com isso.

Eu perguntei o que as autoridades tinham feito para despertar sua raiva. Ele respondeu: "Fiz um pedido três semanas atrás e ainda não me retornaram." Ele respondeu à pergunta do jeito que eu queria. Simplesmente me contou o que haviam *feito*. Não incluiu nenhuma avaliação – e esse é o primeiro passo para gerenciar a raiva de modo não violento: apenas ter clareza de qual foi o estímulo, sem misturá-lo com julgamentos e avaliações.

Só isso já é uma conquista importante. Com frequência, ao fazer essa pergunta, recebo respostas como "Eles foram desrespeitosos comigo", o que é um julgamento moral sobre o que "eles são", mas não revela o que realmente fizeram.

Segundo passo

O segundo passo ainda envolve a consciência de que o estímulo nunca é a causa da raiva, que o que nos enfurece não é simplesmente o que os outros fizeram. *A verdadeira causa é nossa avaliação do que foi feito.* Esse é um tipo específico de avaliação. A CNV é construída sobre a premissa de que a raiva é o resultado de formas alienadas da vida de avaliar o que nos acontece. Ela não está diretamente ligada ao que necessitamos nem ao que as pessoas próximas de nós necessitam. Em vez disso, baseia-se em modos de pensar que envolvem os conceitos de incorreção ou maldade por parte dos outros naquilo que fizeram.

Avaliando gatilhos que levam à raiva

Há quatro maneiras de avaliar qualquer gatilho da raiva em nossa vida. No caso das autoridades da penitenciária que durante três semanas não responderam ao pedido, o preso poderia ter examinado a situação e a levado para o lado pessoal, considerando-a uma rejeição. Se tivesse feito isso, não ficaria com raiva. Talvez ficasse magoado, talvez ficasse desanimado, mas não zangado.

Como segunda hipótese, ele poderia ter olhado para dentro de si e visto quais eram suas necessidades. Concentrar-se diretamente nas próprias necessidades é um modo de pensar com alta probabilidade de atendê-las. Como veremos adiante, se ele tivesse feito isso, não teria ficado com raiva. Talvez ficasse com medo – o que, aliás, se mostrou ser a real questão quando ele entrou em contato com as próprias necessidades.

Uma terceira possibilidade é que ele poderia ter visto a situação a partir de quais necessidades das autoridades da penitenciária as levaram a se comportar daquela maneira. Esse tipo de compreensão não nos deixa com raiva. Na verdade, quando estamos diretamente conectados com as necessidades das outras pessoas – até onde as entendemos –, não estamos de fato em contato com nenhum sentimento dentro de nós, porque toda a nossa atenção está nas necessidades alheias.

A quarta maneira de olhar a situação – que descobriremos estar sempre na base da raiva – é considerar que as autoridades da penitenciária estão erradas por se comportarem daquela maneira. Na CNV, sempre que ficamos zangados, dizemos a nós mesmos "Estou com raiva porque estou dizendo _____ a mim mesmo" e então procuramos o tipo de pensamento alienado da vida que está acontecendo dentro de nossa cabeça e que é a causa da raiva.

No caso do preso, quando ele me contou que estava enfurecido e que o gatilho tinha sido as autoridades da penitenciária passarem três semanas sem responder a sua solicitação, eu lhe pedi que olhasse para dentro de si e me contasse qual era a causa da sua raiva. Ele ficou confuso e me disse:

– Acabei de lhe contar. Fiz um pedido três semanas atrás e as autoridades da penitenciária ainda não me responderam.

– O que você me contou foi o gatilho da sua raiva – respondi. – Nas sessões anteriores, procurei esclarecer que nunca é apenas o gatilho que cria nossa raiva. O que estamos procurando é a causa. Assim, gostaria que você me dissesse como está interpretando o comportamento deles, qual é o seu modo de ver, o que o enfurece.

Nesse momento, ele ficou muito confuso. Como a maioria de nós, não tinha sido treinado para ter consciência do que acontecia dentro de si quando ficava com raiva. E tive que lhe dar uma ajuda para que tivesse uma ideia do que significava parar e escutar os pensamentos que poderiam estar passando pela cabeça dele e que estão sempre no centro da raiva.

Dali a alguns instantes, ele falou:

– Tudo bem, entendo o que quer dizer. Estou com raiva porque estou me dizendo que não é justo, que esse não é um jeito decente de tratar um ser humano. Eles agem como se fossem importantes e eu não fosse nada.

Ele tinha vários outros julgamentos desse tipo flutuando em sua mente. Observe que, a princípio, ele apenas disse que era o comportamento deles que o deixava com raiva, quando, na verdade, a real causa eram todos esses pensamentos – e qualquer um deles poderia ter gerado aquele sentimento. E ele já tinha uma série completa desses julgamentos: "Eles não são justos; não estão me tratando direito." Todos esses julgamentos eram a causa da raiva.

Depois que identificamos isso, ele me perguntou:

– E o que há de errado em pensar assim?

– Não estou dizendo que haja algo errado em pensar assim – respondi. – Só gostaria que você tivesse consciência de que pensar assim é o que está causando a sua raiva. E não queremos confundir o que as pessoas fizeram (o gatilho) com a causa.

Gatilho X causa
Essa ideia pode ser bem difícil de entender: não confundir o gatilho ou estímulo da raiva com a causa. A razão para isso é que muitos de nós fomos educados por pessoas que usam a culpa como forma principal de motivação. Se você quer usar a culpa para manipular os outros, primeiro é preciso confundi-los para que pensem que o gatilho é a causa do sentimento. Em outras palavras, se quiser fazer alguém se sentir culpado, é preciso se comunicar de maneira a indicar que a dor que você sente está sendo causada apenas pelo que o outro fez. Isso significa que o comportamento do outro é não só o estímulo para seus sentimentos, mas também a causa deles.

O pai ou a mãe que costuma fazer isso pode dizer ao filho: "Fico muito magoado quando você não arruma seu quarto." Ou o parceiro que faz isso num relacionamento íntimo pode afirmar ao outro: "Sinto raiva quando você sai todas as noites da semana." Observe que, em ambos os exemplos, a pessoa insinua que o gatilho do sentimento e sua causa são a mesma coisa: "Você faz com que eu me sinta assim." "Isso me faz sentir _____." "Estou sentindo _____ porque você _____."

Para gerenciar a raiva em harmonia com os princípios da CNV, é importante ter consciência dessa importante distinção. *Sinto-me assim porque estou dizendo a mim mesmo pensamentos sobre as ações dos outros que insinuam que eles estão errados.* Esses pensamentos assumem a forma de julgamentos, como "Acho que essa pessoa é egoísta, rude, preguiçosa ou manipuladora e não deveria agir dessa maneira". Esses pensamentos assumem a forma de julgamento direto dos outros ou de julgamento indireto – que pode ser expresso por frases como "Estou supondo que eles pensam que só eles têm direito de falar".

Nesse último caso, fica implícito que consideramos a atitude do outro errada. E isso é importante, porque, quando penso que é o outro que faz com que eu me sinta mal, é difícil não imaginar uma punição para ele. A CNV mostra que nunca é o que o outro faz, mas a maneira como nós enxergamos, como interpretamos, a atitude dele. Se me acompanhassem em meu trabalho, as pessoas poderiam aprender muito nessa área.

Por exemplo, trabalhei muito em Ruanda. Era comum lidar com pessoas que tiveram familiares assassinados. Alguns nutriam tanta raiva que só conseguiam esperar pela vingança. Estavam furiosos. Outros na mesma sala tiveram o mesmo número de familiares assassinados, talvez até mais, mas não sentiam raiva. Tinham sentimentos fortes, mas não raiva. O que sentiam os levou a querer impedir que mais assassinatos ocorressem, não a punir o outro lado. Com a CNV, queremos que todos vejam que é o modo como olhamos a situação que *cria* nossa raiva, não o gatilho em si.

Com o treinamento em CNV, tento levar as pessoas a perceberem que, quando sentem raiva, é porque a consciência delas está sob a influência do tipo de linguagem que todos aprendemos – isto é, a que diz que o outro é mau ou maligno de alguma forma. Esse tipo de pensamento é a causa da raiva. Quando algo assim surge, mostro às pessoas não como devem reprimir ou negar o sentimento e o pensamento, mas como transformá-los numa linguagem de vida, numa linguagem através da qual tenham uma probabilidade muito maior de criar paz entre si e quem agiu do jeito que estimulou a raiva.

Para isso, falemos primeiro de como tomar consciência do pensamento internalizado que desperta a raiva e de como transformá-lo em nossas necessidades não atendidas pelo que o outro fez. Depois, vamos observar como proceder a partir dessa consciência para criar de novo a paz entre nós e o outro.

O primeiro passo para expressar a raiva – para gerenciá-la em harmonia com a CNV – é identificar o estímulo sem confundi-lo com a avaliação mental. O segundo passo é ter consciência de que sua avaliação do outro, sob a forma de julgamentos que lhe dizem que ele está errado, é a real causa da raiva.

Um exemplo de gatilho X causa da raiva
Certa vez, quando trabalhava num reformatório para jovens delinquentes, tive uma experiência que me ajudou muito a aprender a lição de que nunca é o estímulo que causa a raiva. Entre o gatilho e a raiva sempre há algum processo de pensamento.

Em dois dias seguidos, passei por situações extremamente parecidas, mas meus sentimentos em reação ao que estava acontecendo foram diferentes. Em ambas as circunstâncias, a experiência envolveu ser atingido no nariz, porque nesses dois dias intervim para interromper uma briga entre dois pares diferentes de alunos. Em ambos os casos, enquanto apartava a briga, levei uma cotovelada no nariz.

No primeiro, fiquei furioso. No segundo, embora o nariz doesse ainda mais do que na primeira vez, não senti raiva. Então por que tive raiva em reação ao estímulo no primeiro dia, mas não no segundo?

Na primeira situação, se me perguntassem, logo depois de ser atingido, por que estava com raiva, eu teria dificuldade de encontrar o pensamento que estava me deixando assim. Provavelmente diria: "Bom, é óbvio que estou com raiva porque o garoto me acertou no nariz." Mas não era essa a causa. Mais tarde, quando examinei a situação, ficou muito claro para mim que, mesmo antes do acidente, eu já pensava sobre o menino que me atingiu no nariz em termos muito condenatórios. Na minha cabeça, achava essa criança um moleque mimado. Portanto, assim que seu cotovelo atingiu meu nariz, fiquei com raiva; ao que parecia, na mesma hora. Só que, entre o estímulo e a raiva, houve dentro de mim um flash com essa imagem de que o menino era um moleque mimado. Veja bem, tudo isso aconteceu muito depressa, porém foi a imagem de "moleque mimado" que me deixou furioso.

No segundo dia, eu tinha uma imagem bem diferente do garoto envolvido na situação. Eu enxergava esse menino mais como uma criatura digna de pena do que como um moleque mimado, e quando fui atingido no nariz pelo cotovelo dele de novo não senti raiva. Sem dúvida senti dor física, mas raiva não, porque uma imagem diferente relampejou na minha mente: a de uma criança com grande necessidade de apoio em vez da imagem condenatória de "mimado" que provocara minha ira no dia anterior.

Essas imagens surgem muito depressa e podem facilmente nos levar a pensar que o gatilho é a causa da raiva.

Terceiro passo

O terceiro passo para gerenciar a raiva usando a CNV exige a busca da necessidade que está por trás da reação. Esse passo se baseia no pressuposto de que nos enfurecemos porque nossas necessidades não estão sendo atendidas e o problema é que não estamos em contato com elas. Em vez de estarmos diretamente conectados com o que precisamos, nos refugiamos na nossa própria mente e começamos a pensar no que está errado nos outros ao não atenderem às nossas necessidades. Os julgamentos que fazemos dos outros, que causam nossa raiva, na verdade são *expressões alienadas de necessidades não atendidas*.

Julgamentos

Com o passar dos anos, passei a ver que esse tipo de julgamento sobre os outros que nos deixa com raiva, além de ser uma expressão alienada das nossas necessidades, também pode ser uma expressão trágica e suicida delas. Em vez de nos voltarmos para o coração e nos conectarmos com nossas necessidades não atendidas, direcionamos nossa atenção a julgar o que está errado naquelas pessoas que não atenderam ao que precisávamos. Quando fazemos isso, é provável que algumas coisas aconteçam.

Primeiro, provavelmente nossas necessidades não serão atendidas, porque, quando os julgamos e dizemos aos outros que estão errados, eles costumam ficar na defensiva, sem nenhuma oportunidade de aprendizado ou conexão. Na melhor das hipóteses, não vão querer cooperar. Mesmo que, depois do nosso julgamento, as pessoas façam o que gostaríamos que fizessem, elas o farão com uma energia pela qual pagaremos caro. Pagaremos caro porque, quando estamos com raiva em consequência de julgamentos sobre os outros – e expressamos o que estamos pensando, seja verbalmente, seja através de deixas não verbais –, eles entendem que os consideramos de algum modo errados. Mesmo que a seguir faça o que queríamos que fizesse, é provável que a pessoa seja motivada pelo medo de ser punida, pelo receio do julgamento, por culpa ou vergonha, não por compaixão em relação às nossas necessidades.

No entanto, quando usamos a CNV, permanecemos o tempo todo cientes de que o motivo pelo qual as pessoas fazem o que gostaríamos é tão importante quanto o fato de fazerem ou não. Portanto, temos consciência de que só queremos que os outros ajam de boa vontade, não por acharem que serão punidos, culpabilizados, responsabilizados ou envergonhados caso não façam.

Alfabetizando-se em relação às necessidades

Essa prática exige desenvolver a tomada de consciência das nossas necessidades e aprender quais elas são. Com um vocabulário de necessidades maior, fica mais fácil entrar em contato com o que precisamos por trás dos julgamentos que provocam raiva em nós. Quando conseguimos expressar nossas necessidades com clareza, é muito mais provável que os outros reajam com compaixão ao que gostaríamos, seja o que for.

Voltemos ao caso do preso na Suécia. Depois de identificarmos os julgamentos que ele fazia e que geravam sua raiva, pedi-lhe que olhasse por trás dos julgamentos e me dissesse quais necessidades dele não estavam sendo atendidas. Na verdade, elas se exprimiam por meio dos julgamentos que ele fazia a respeito das autoridades da penitenciária.

Não foi fácil para ele, porque, quando as pessoas são treinadas a pensar a partir do ponto de vista de que os outros estão errados, costumam estar cegas ao que elas mesmas necessitam. Em geral, elas têm um vocabulário muito limitado para descrever as próprias necessidades. É preciso afastar o foco do julgamento sobre o que está do lado de fora, olhar para dentro e enxergar suas necessidades. Mas, com alguma ajuda, ele enfim conseguiu entrar em contato consigo mesmo e disse:

– Bom, minha necessidade é ser capaz de cuidar de mim mesmo quando sair da prisão, arranjar um emprego. E o pedido que fiz às autoridades da penitenciária foi que me deixassem estudar para poder atender a essa necessidade. Se não tiver nenhuma formação, não serei capaz de cuidar de mim mesmo em termos financeiros quando sair da prisão e acabarei voltando para cá.

Então eu disse ao preso:

– Agora que você está em contato com a sua necessidade, como está se sentindo?

– Estou assustado – respondeu ele.

Portanto, quando entramos em contato direto com nossa necessidade, *nunca* continuamos com raiva. A raiva não foi reprimida; ela foi transformada em sentimentos que atendem às nossas necessidades.

A função básica dos sentimentos é essa. A palavra *emoção* basicamente significa movimentar, nos deslocar para satisfazer nossas necessidades. Quando precisamos de nutrição, vem o sentimento que rotulamos como fome, e essa sensação nos estimula a nos mover para atender à necessidade de alimento. Se nos sentíssemos confortáveis toda vez que tivéssemos necessidade de nutrição, poderíamos morrer de fome, porque não seríamos mobilizados para atendê-la.

A função natural das emoções é nos estimular a atender às nossas necessidades. Mas a raiva é estimulada por um desvio. Quando a experimentamos, não estamos em contato com as necessidades que naturalmente nos motivariam a querer atendê-las. A raiva é criada quando pensamos em quanto os outros estão errados, o que transfere essa energia da busca pela satisfação da necessidade para a culpa e a punição dos outros.

Depois que ressaltei ao preso a diferença entre entrar em contato com as próprias necessidades e os sentimentos que estava nutrindo, ele percebeu seu medo e pôde ver que a raiva era causada pelo pensamento segundo o qual os outros estão errados. Então lhe perguntei:

– Quando for conversar com as autoridades da penitenciária, você acha que terá maior probabilidade de atender às suas necessidades se estiver conectado com elas e com o medo ou se estiver perdido em sua própria mente, julgando-os, com raiva?

Ele pôde ver com muita clareza que era muito mais provável atender às próprias necessidades caso se comunicasse a partir de uma posição de conexão com elas do que se estivesse separado delas, pensando em quão errados os outros estavam. No momento em que percebeu em que mundo diferente estaria vivendo se permanecesse em contato com as próprias necessidades em vez de julgando os outros, ele olhou para o chão com uma das caras mais tristes que já vi.

– O que aconteceu? – perguntei.

– Não consigo falar sobre isso agora – disse ele.

Mais tarde, no mesmo dia, ele me ajudou a entender. Aproximou-se e falou:

– Marshall, gostaria que você tivesse me ensinado dois anos atrás o que me ensinou hoje de manhã sobre a raiva. Assim eu não teria matado o meu melhor amigo.

Tragicamente, dois anos antes, seu melhor amigo fizera algumas coisas em relação às quais ele sentira uma grande fúria – como reação aos próprios julgamentos acerca do que o amigo fizera. Mas, em vez de tomar consciência de quais eram as próprias necessidades por trás de tudo aquilo, ele de fato pensou que o amigo é que o deixara com raiva e, numa interação trágica, acabou matando-o.

Não estou insinuando que toda vez que ficamos com raiva ferimos ou matamos alguém, mas que, toda vez que nos enfurecemos, estamos desconectados de nossas necessidades. Estamos presos em nossa própria mente, pensando na situação de um jeito que tornará muito difícil atendermos às nossas necessidades.

O passo que acabei de explicar é importantíssimo: precisamos ter consciência do pensamento que gera nossa raiva. Como eu disse, a princípio, o preso estava totalmente inconsciente dos pensamentos íntimos que o deixavam irado. A razão é que esses pensamentos acontecem muito rápido. Alguns passam tão depressa pela cabeça que nem dá para perceber que estão lá. E, assim, fica parecendo que foi o estímulo que causou a raiva.

Tracei três passos para gerenciar a raiva usando a CNV:

1. Identificar o gatilho da raiva sem confundi-lo com a avaliação.
2. Identificar a imagem ou o julgamento interior que nos deixou com raiva.
3. Transformar essa imagem condenatória na necessidade que ela expressa; em outras palavras, voltar toda a atenção para a necessidade por trás do julgamento.

Esses três passos são realizados internamente; nada é dito em voz alta. Você apenas percebe que sua raiva não é causada pelo que o outro fez, mas pelo seu julgamento. Então agora está na hora de procurar a necessidade por trás do julgamento.

Quarto passo

O quarto passo para gerenciar a raiva envolve o que é dito em voz alta ao outro depois que a raiva foi transformada em outros sentimentos pelo fato de termos entrado em contato com a necessidade por trás do julgamento.

Esse quarto passo inclui oferecer à outra pessoa quatro informações. Primeiro, revele o estímulo ou gatilho: o que ela fez que está em conflito com a satisfação das suas necessidades. Em seguida diga como se sente. Observe que você não está reprimindo a raiva; em vez disso, ela foi transformada num sentimento como tristeza, dor, medo, frustração ou o que quer que seja. Depois de expor seus sentimentos, expresse as necessidades que não estão sendo atendidas.

Agora, acrescentamos a essas três informações *um pedido claro e presente do que você quer do outro* em relação a seus sentimentos e necessidades não atendidas.

Na situação com o preso, seu quarto passo seria procurar as autoridades da penitenciária e dizer algo assim: "Fiz um pedido três semanas atrás. Ainda não recebi resposta. Estou com medo porque tenho necessidade de ganhar a vida quando sair da prisão e temo que, sem a formação que solicitei, seja muito difícil me sustentar. Portanto, gostaria que me dissessem o que os impede de responder a meu pedido."

Observe que, para o preso, comunicar-se dessa maneira exige muito trabalho. Ele tem que estar ciente do que está acontecendo dentro dele. Talvez precise de ajuda para se conectar com as próprias necessidades. Nessa situação, eu estava lá para ajudá-lo. Mas, no treinamento em CNV, mostramos como fazer tudo isso por conta própria.

Quando for estimulado por outra pessoa e vir que está começando a sentir raiva, é importante gerenciar essa emoção. Se já tiver aprendido razoavelmente a entrar em contato com a necessidade por trás dos julgamentos, você pode respirar fundo e passar pelo processo pelo qual conduzi o preso. Portanto, assim que perceber que está ficando zangado, respire fundo, pare, olhe para dentro e pergunte: "O que estou dizendo a mim mesmo que me causa tanta raiva?" Dessa maneira, você pode, na mesma hora, entrar em contato com a necessidade por trás do julgamento. Quando o fizer, você sentirá no próprio corpo a transformação da raiva em outros tipos de sentimento. E então, ao chegar a esse ponto, poderá dizer ao outro, em voz alta, o que está observando, sentindo e necessitando e, em seguida, fazer seus pedidos.

Esse processo exige prática, mas, com a prática, pode ser realizado em questão de segundos. Talvez você seja afortunado a ponto de ter amigos próximos que possam ajudá-lo a ter consciência do que está acontecendo dentro de você. Caso contrário – ou até que já tenha treinamento suficiente –, você sempre pode dar um tempo. Basta dizer ao outro: "Preciso dar um tempo. Tenho que trabalhar em mim mesmo agora, porque temo que qualquer coisa que eu diga vá atrapalhar a satisfação das necessidades de nós dois." Nesse momento, você pode ficar sozinho para entrar em contato com as necessidades por trás de seus julgamentos que o estão deixando com raiva. Depois, pode voltar à situação.

Uma vez que consigamos gerenciar nossa própria raiva, é muito vantajoso mostrar alguma compreensão empática em relação ao que está acontecendo dentro do outro e o levou a se comportar daquela maneira. Ao se conectar com isso *antes* de se expressar, a vantagem pode ser ainda maior.

Ao administrar a raiva dessa maneira quando ela surge, um componente fundamental é a capacidade tanto de identificar o julgamento que nos despertou essa emoção quanto de transformá-la rapidamente na necessidade que está por trás dela. Se praticar esse processo de identificação de julgamentos e sua tradução em necessidades, você pode desenvolver a habilidade de fazer isso bem depressa em situações reais. Um exercício que recomendo para o treino é listar os tipos de julgamento que costumam surgir dentro de você quando está com raiva. Pense, talvez, na ocasião mais recente em que se sentiu assim e escreva o que estava dizendo a si mesmo que lhe despertou essa emoção.

Quando já tiver feito uma lista dos tipos de coisa que diz a si mesmo que o deixam com raiva em diversas situações, releia-a e pergunte: "O que eu estava necessitando e expressei com esse julgamento?" Quanto mais tempo você passar fazendo essas traduções de julgamentos em necessidades, mais isso o ajudará a realizar rapidamente esses passos para exprimir a raiva em situações da vida real.

PUNIÇÃO E RAIVA

Gostaria de acrescentar a essa discussão da raiva o conceito de punição. O tipo de pensamento que nos leva a sentir raiva é aquele que indica que os outros merecem sofrer pelo que fizeram. Em outras palavras, estou falando dos julgamentos moralistas que fazemos acerca dos outros quando os consideramos errados, irresponsáveis ou inadequados. Em sua raiz, todos esses julgamentos implicam que o outro não deveria ter feito o que fez e que merece algum tipo de condenação ou punição por isso.

Acredito que, se fizer duas perguntas, você verá que a punição nunca consegue realmente atender às necessidades de modo construtivo. A primeira delas é: *o que queremos que os outros façam de um jeito diferente do que estão fazendo agora?* Se fizermos esse questionamento, a punição talvez pareça funcionar, porque podemos fazer uma criança parar de bater na irmã se a punirmos por isso. Observe que digo *pareça funcionar*, porque, com frequência, o próprio ato de punir os outros pelo que fizeram estimula tanto antagonismo que eles continuam fazendo aquilo por raiva ou ressentimento. Pode até ser que continuem agindo dessa forma por mais tempo do que se não tivesse havido punição.

Mas se eu acrescentar uma segunda pergunta, tenho confiança de que você verá que a punição nunca dá certo no sentido de atender às necessidades – pelo menos não pelas razões que não vão provocar arrependimento mais tarde. *Quais gostaríamos que fossem as razões do outro para fazer o que queremos?*

Acho que todos podemos concordar que nunca queremos que os outros façam as coisas só por medo de punição. Não queremos que façam nada por obrigação ou dever, por culpa ou vergonha ou para comprar amor. Com alguma consciência, acho que todo mundo quer que os outros só façam as coisas se for de boa vontade, porque claramente veem que isso vai enriquecer a vida. Qualquer outra razão provavelmente criará condições que, no futuro, tornarão mais difícil que as pessoas se comportem com compaixão em relação às outras.

MATAR OS OUTROS É SUPERFICIAL DEMAIS

Parte do meu objetivo é mostrar que o processo da Comunicação Não Violenta pode ajudá-lo a expressar sua raiva completamente. É muito importante deixar isso claro em várias das comunidades por onde passo. Em geral, quando sou convidado a visitar diferentes países, é para trabalhar com pessoas que sentem que foram muito oprimidas ou discriminadas e querem aumentar o próprio poder de mudar a situação. Com muita frequência, esses grupos ficam um pouco preocupados quando ouvem a expressão *Comunicação Não Violenta*, porque, muitas vezes em sua história, foram expostos a religiões e outros treinamentos que lhes ensinaram a sufocar a própria raiva, a se acalmar e a aceitar tudo que estivesse acontecendo. Em consequência, eles têm medo que eu lhes diga que sua raiva é ruim ou que devem se livrar dela. É um grande alívio quando compreendem que o processo de que falo não quer, de modo algum, que sufoquem a própria raiva, que a reprimam e que se calem. Em vez disso, a CNV é um modo de expressar esse sentimento inteiramente.

Costumo dizer que, para mim, matar os outros é algo superficial demais. Para mim, qualquer ação de matar, culpar, punir ou ferir é uma expressão muito superficial da raiva. Queremos algo muito mais poderoso do que matar ou ferir os outros física ou mentalmente. Isso é fraco demais. Queremos algo muito mais poderoso para nos expressarmos por completo. O primeiro passo para ser capaz de exprimir nossa raiva por completo com a Comunicação Não Violenta é separar totalmente o outro de alguma responsabilidade pela nossa raiva. Como já disse, isso significa tirar da consciência todo tipo de pensamento de que aquela ou aquelas pessoas nos enraiveceram quando fizeram aquilo. Quando pensamos assim, podemos nos tornar muito perigosos e provavelmente não seremos capazes de expressar nossa raiva por inteiro. Ao contrário, o mais provável é a exprimirmos superficialmente culpando ou punindo o outro.

Mostrei a presos que queriam punir os outros que a vingança é um grito distorcido por empatia. Quando pensamos que precisamos ferir os outros, aquilo que realmente necessitamos é que esses outros vejam quão feridos estamos e como seu comportamento contribuiu para a nossa dor. A maioria dos presos com que trabalhei nunca recebeu esse tipo de empatia das pessoas que os agrediram. Assim, fazê-las sofrer era o máximo em que podiam pensar para alcançar o alívio do próprio sofrimento.

Certa vez, demonstrei isso a um preso que me disse que queria matar um homem. Eu argumentei:

– Aposto que consigo lhe mostrar algo que seria melhor do que a vingança.

– Sem chance, parceiro – respondeu o preso. – A única coisa que me mantém vivo na prisão nesses últimos dois anos é pensar em sair e pegar esse sujeito pelo que ele me fez. É a única coisa que quero no mundo. Vão me pôr aqui de volta, tudo bem. Só quero sair e machucar muito esse sujeito.

– Aposto que consigo lhe mostrar algo mais prazeroso que isso – afirmei.

– Sem chance, parceiro.

– Você me daria algum tempo?

(Gostei do senso de humor desse cara. Ele falou: "Algo que tenho de sobra é tempo, parceiro." É por isso que gosto de trabalhar com presos; eles não vivem apressados para o próximo compromisso.)

Seja como for, falei:

– O que eu gostaria de lhe mostrar é outra opção além de ferir os outros. Gostaria que você representasse o papel do outro.

MARSHALL: É o primeiro dia que estou fora da cadeia. Encontrei você. A primeira coisa que faço é agarrá-lo.

PRESO COMO PRESO: É um bom começo.

MARSHALL: Ponho você numa cadeira e digo: "Vou lhe dizer algumas coisas e quero que você repita para mim o que me ouviu dizer. Entendeu?"

PRESO NO PAPEL DO OUTRO: Mas eu posso explicar!

MARSHALL COMO PRESO: Cale a boca. Ouviu o que eu disse? Quero que repita para mim o que me ouvir dizer.

PRESO NO PAPEL DO OUTRO: Está bem.

MARSHALL COMO PRESO: Eu o levei para minha casa e o tratei como um irmão. Durante oito meses eu lhe dei tudo, e aí você fez o que fez comigo. Fiquei tão magoado que mal conseguia me aguentar.

[Eu ouvira o preso falar disso diversas vezes, então não foi difícil representar esse papel.]

PRESO NO PAPEL DO OUTRO: Mas eu posso explicar!

MARSHALL COMO PRESO: Cale a boca. Diga o que ouviu.

PRESO NO PAPEL DO OUTRO: Depois de tudo que fez por mim, você se sentiu muito magoado. Você gostaria que as coisas tivessem sido diferentes.

MARSHALL COMO PRESO: Então, sabe o que aconteceu? Nos dois anos seguintes, senti raiva dia e noite, nada me satisfazia, a não ser o pensamento de acabar com você.

PRESO NO PAPEL DO OUTRO: Então isso estragou mesmo toda a sua vida e tudo que você conseguia fazer era ser consumido pela raiva durante dois anos?

Ficamos nessa por mais alguns minutos e então esse homem ficou muito comovido.

– Pare, pare, você tem razão. É disso que preciso.

Na próxima vez em que fui àquela penitenciária, cerca de um mês depois, um homem diferente me aguardava quando atravessei o portão. Ele andava de um lado para outro e disse:

– Ei, Marshall, lembra a última vez que você falou que, quando pensamos que gostamos de ferir os outros ou quando queremos fazer isso, a necessidade real é de compreensão pelo que sofremos?

– Sim, eu me lembro.

– Você repassaria isso hoje de novo bem devagar? Saio daqui a três dias e, se eu não entender isso muito bem, alguém vai se machucar.

Então, minha suposição é que quem gosta de ferir os outros está sendo exposto a muita violência – psicológica ou não. E precisa de empatia pela imensa dor que sente.

INTERAÇÕES EM WORKSHOPS

Mais uma vez, o primeiro passo para entrarmos em nossa consciência é perceber que *o que os outros fazem nunca é a causa de como nos sentimos*. Qual é a causa dos nossos sentimentos? Minha crença é que eles resultam da maneira como interpretamos o comportamento dos outros a qualquer dado momento. Se eu lhe pedi que me buscasse às seis horas e você me busca às 6h30, como vou me sentir? Depende de como vejo a situação. O fato de estar meia hora atrasado não me fez sentir o que sinto, e sim o jeito como escolho interpretar a questão. Se optei por usar minhas orelhas julgadoras, elas são perfeitas para o jogo de quem está certo, quem está errado, quem é culpado, quem é a vítima. Se eu puser essas orelhas, encontrarei alguém errado na situação. Assim, são o modo como interpretamos o comportamento e o significado que atribuímos a isso que causam nossos sentimentos.

Há outra possibilidade de conexão com os sentimentos, e essa é a outra opção. Se puser minhas orelhas da CNV, meu pensamento não vai para quem está errado. Não fico preso em minha própria cabeça nem faço uma análise mental de quanto eu ou você estamos errados.

Essas orelhas da CNV podem nos ajudar a nos conectar com a vida, com a vida que acontece dentro de nós. E, para mim, essa vida interior pode ser revelada ou compreendida com mais clareza quando olhamos nossas necessidades. Assim, pergunte a si mesmo: "Quais são minhas necessidades nesta situação?" Quando está conectado com elas, você pode ter sentimentos fortes, mas nunca raiva.

A raiva é o resultado do pensamento alienado da vida, o pensamento desconectado das necessidades. Ela indica que você está preso em sua mente, que escolheu analisar quão errado está o outro e que está desconectado do que realmente precisa. Mas na verdade suas necessidades são o estímulo do que está acontecendo; são o estímulo da raiva que você está sentindo. Você não está consciente do que precisa; sua consciência se concentra no que está errado no outro por não atendê-las. Mas, caso se conecte às necessidades do outro, você nunca sentirá raiva. Isso não significa que a esteja *reprimindo*; você simplesmente não a sentirá.

Estou sugerindo que o modo como nos sentimos a cada momento resulta de qual destas quatro opções escolhemos: preferimos ficar presos em nossa mente e julgar o outro? Escolhemos julgar a nós mesmos? Optamos por nos conectar empaticamente com nossas necessidades do outro? Ou optamos por nos conectar empaticamente com nossas necessidades? É essa escolha que determina nossos sentimentos. É por isso que a Comunicação Não Violenta exige que uma palavra importantíssima venha depois do *porque*: a palavra *eu*, não a palavra *você*. Por exemplo, "Estou com raiva porque *eu* _____." Isso nos lembra que o que sentimos não se deve ao que a outra pessoa fez, mas à escolha que nós fizemos.

Lembre-se de que vejo toda a raiva como resultado do pensamento alienado da vida, causador de violência. Acho que toda raiva é justa, no sentido de que exprimi-la inteiramente significa pôr toda a nossa consciência na necessidade que não está sendo atendida. Há algo que não está sendo satisfeito, e é justo que tenhamos *direito* a esse sentimento. Temos que atender a essa necessidade e precisamos que a energia nos motive a isso. No entanto, também sugiro que a raiva distorce essa energia e a desvia rumo à ação punitiva; e, nesse sentido, se torna uma energia destrutiva.

DO FILOSÓFICO AO ESTRATÉGICO E AO PRÁTICO

Vou mostrar que o que estou falando é mais estratégico do que filosófico. Para explicar o que quero dizer com "estratégico", voltemos ao exemplo daquele preso. Eu não estava querendo que ele adotasse o processo da CNV por princípios filosóficos, mas por princípios estratégicos.

Quando ele disse que as autoridades da penitenciária não tinham respondido a seu pedido, perguntei:

– Tudo bem, então o que o deixou com raiva?

– Já lhe contei – disse ele. – Eles não responderam a meu pedido.

– Pare – pedi. – Não diga "Senti raiva porque *eles*...". Pare e tome consciência do que estava dizendo a si mesmo que deixou *você* com tanta raiva.

Mas ele não tinha formação filosófica nem psicológica; não estava acostumado a analisar o que acontecia dentro de si. Então insisti:

– Pare. Desacelere. Apenas escute. O que está acontecendo aí dentro?

Então saiu:

– Estou dizendo a mim mesmo que eles não têm respeito pelos seres humanos. São um monte de burocratas frios e desalmados.

Ele ia continuar, mas eu intervim:

– Pare. Já basta, já basta. É por isso que você está com raiva. É esse tipo de pensamento seu que faz você ficar assim. Portanto, concentre sua atenção em suas próprias necessidades. Quais são elas nesta situação?

Ele pensou um pouco e respondeu:

– Marshall, preciso da formação que estou pedindo. Se não conseguir estudar, com toda a certeza acabarei voltando para a prisão.

PARTICIPANTE U: O que você está dizendo faz sentido para mim, mas sinto que exige algo sobre-humano da minha parte. Parece que a raiva é tão instantânea que ser realmente capaz de pensar esses vários passos exige que eu seja muito melhor do que sou.

MARSHALL: Só é preciso calar a boca. Não vejo isso como um ato heroico. Basta calar a boca. Não diga nada com a intenção de culpar o outro naquele momento nem faça nada para puni-lo. Apenas pare e não faça nada além de respirar e seguir esses passos. Primeiro, e já é uma grande coisa, cale a boca.

PARTICIPANTE U: Mas em seu exemplo anterior, quando você estava esperando meia hora para a pessoa buscá-lo... quer dizer, ele nem precisava estar lá, eu já estaria espumando, pensando, sabe, "Não dá para acreditar que ele não veio me buscar. Ele nunca se lembra de nada que eu digo", etc.

MARSHALL: Estou dizendo que há algo que você pode fazer nesse tempo para se aliviar e que também aumentará a probabilidade de você ter sua necessidade atendida. Se seguir esses passos de que estamos falando, terá uma chance maior de dizer a ele algo que vai fazê-lo chegar na hora na próxima vez. Espero que eu consiga deixar claro para que não pareça um ato sobre-humano. Sobre-humano é tentar reprimir a raiva, tentar sufocá-la. O que realmente queremos é manter nossa atenção conectada à vida, momento a momento. Nós nos conectamos com a vida que acontece dentro de nós, com quais são nossas necessidades agora, e concentramos nossa atenção na vida que está acontecendo nos outros.

Exemplo da raiva de uma mulher

PARTICIPANTE V: Enfrentei uma situação na qual estava conversando com alguém e uma terceira pessoa entrou na conversa e começou a se dirigir à outra me ignorando. Então ele fez um comentário insinuando que preferia que as pessoas de sua comunidade fossem brancas. Fiquei com muita raiva, porque minha necessidade de continuar a apreciar a conversa não estava sendo atendida.

MARSHALL: Espere, espere. Duvido; duvido que tenha sido por isso que você ficou com raiva. Veja, não acho que nos sentimos assim porque nossas necessidades não estão sendo atendidas. Aposto que você se enraiveceu porque teve alguns pensamentos sobre aquele homem naquele momento. E gostaria que você ficasse consciente agora do que estava dizendo a si mesma que a fez ter tanta raiva daquela pessoa.

Então há aqui uma pessoa que diz "Preferia que só houvesse brancos aqui" e que se dirige a outra pessoa, e não a você. E você sente raiva por quê? Porque disse o que a si mesma?

PARTICIPANTE V: Bom, eu me perguntei: "O que essa pessoa está fazendo, dominando a conversa que eu estava tendo?"

MARSHALL: Pense no que está por trás da pergunta "O que essa pessoa está fazendo?". O que você pensa de alguém que faz isso?

PARTICIPANTE V: Bom, não é um bom pensamento.

MARSHALL: Mas acho que está aí. Não estou tentando fazer você ter determinados pensamentos. Só estou querendo que tenha consciência do que suponho que esteja aí. Provavelmente tudo aconteceu muito depressa.

PARTICIPANTE V: Na mesma hora fiquei me sentindo de fora.

MARSHALL: Ora, está chegando mais perto. Então você interpretou que ele a estava deixando de fora. Observe que a imagem "ser deixada de fora" não é um sentimento. É uma interpretação. É como ser abandonada: "Estou me sentindo abandonada", "Estou me sentindo ignorada". Então na verdade é mais uma imagem; você teve essa imagem de ser deixada de fora. E o que mais estava acontecendo lá?

PARTICIPANTE V: Acho que foi mais do que uma imagem, porque ele estava fazendo contato visual e falando com a outra pessoa, não comigo.

MARSHALL: Mas acho que há 20 maneiras diferentes de ver isso, das quais deixar você de fora é apenas uma delas. Há muitas outras formas possíveis de interpretar essa situação. E cada uma delas terá um grande impacto sobre como você se sente. Então vamos desacelerar outra vez. Quais outros pensamentos havia em você que a deixaram com raiva naquele momento?

PARTICIPANTE V: Bom, tive pensamentos associados a alguém usar a palavra *branco*.

MARSHALL: É, acho que agora estamos chegando mais perto. Então qual é sua imagem quando alguém usa a palavra *branco* dessa maneira? Principalmente quando não olha para você, mas para o outro?

PARTICIPANTE V: O que eu me disse foi que, quando dizem *branco*, não estão se referindo a mim.

MARSHALL: Então estão meio que excluindo você.

PARTICIPANTE V: Na verdade, o comportamento, a linguagem corporal dele e tudo o mais também me passavam essa mensagem.

MARSHALL: Então você acredita que a estavam excluindo por causa da sua cor? Você tem algum pensamento sobre pessoas que fazem isso?

PARTICIPANTE V: Sim, muitos, quer dizer...

MARSHALL: É aí que estou tentando chegar. Estou achando que esses foram os pensamentos estimulados naquele momento por aquela atitude, e foi isso que a deixou com raiva.

PARTICIPANTE V: Acho que sim. Concordo com o que você está dizendo. Acho que foi tanto isso quanto o fato de que eu realmente estava sendo excluída.

MARSHALL: Não, na verdade você não estava sendo excluída. Essa foi a sua interpretação. O fato – e estou definindo essa observação como um fato – é que a pessoa estava fazendo contato visual com o outro. Veja, esse é o fato. Se você interpreta isso como exclusão sua, se interpreta como racismo, se interpreta que aquela pessoa tem medo de você, tudo isso são interpretações. O fato é que ele não olhou para você. O fato é que ele disse alguma coisa sobre *brancos*. Esses são os fatos. Mas, ao interpretá-los como excludentes, você provoca aí dentro sentimentos diferentes do que se olhasse a situação de outra maneira.

PARTICIPANTE U: Então como ela deveria ter lidado com a situação? A linguagem corporal a excluía, a conversa a excluía. Quer dizer, como ela chega às próprias necessidades?

MARSHALL: Se o objetivo dela for expressar inteiramente a própria raiva, eu sugeriria que ela tomasse consciência disso que não estamos sabendo definir agora, isto é, do que diz a si mesma para ficar com tanta raiva. Portanto, nesse caso, parece que ela se enfureceu porque imediatamente interpretou que estava sendo excluída com base em sua cor. Isso provocou todo tipo de pensamento dentro dela sobre "Isso não está certo. Não se deve excluir ninguém com base em sua cor". Será que algo assim estava aí no fundo?

PARTICIPANTE V: Acho que veio um pouco depois. É, minha experiência imediata foi que me senti invisível, perplexa e confusa. Não entendi por que aquilo estava acontecendo.

MARSHALL: É, então sua reação imediata nesse caso não foi julgar a outra pessoa. Foi ficar confusa, perplexa. Você tinha necessidade de compreensão. "Por que isso está acontecendo?" Então o pensamento começou a se desviar.

PARTICIPANTE V: Foi quando a raiva começou.

MARSHALL: Então a raiva começou a surgir porque você começou a formular hipóteses sobre por que aquilo estava acontecendo. E quis expressar inteiramente esse sentimento que tinha acabado de interpretar. "Ei, espere um minuto. Acho que eles estão me excluindo com base na minha cor e não gosto disso. É racista. Não acho justo. Não acho que alguém deva ser excluído com base nisso." Pensamentos assim.

PARTICIPANTE V: Pois é.

MARSHALL: Tudo bem, esse é o primeiro passo. Primeiro passo, ficar em silêncio e identificar os pensamentos que estão nos deixando com raiva. Em seguida, conectar-se com as necessidades por trás desses pensamentos. Então, quando diz a si mesma "Acho que as pessoas não deveriam ser excluídas com base em sua cor. Acho que isso é injusto. Acho que é racista", presumo que todos esses julgamentos – e *racista* seria um bom exemplo – são expressões trágicas de necessidades não atendidas.

E qual é a necessidade por trás do julgamento de que alguém é *racista*? Se eu julgar que uma pessoa é racista, qual é minha necessidade? Gostaria de ser incluído; gostaria que houvesse igualdade. Gostaria de receber o mesmo respeito e consideração que os outros.

Para exprimir inteiramente a minha raiva, abro a boca e digo tudo isso, porque agora ela se transformou nas minhas necessidades e nos sentimentos ligados a elas. Ainda assim, para mim, os sentimentos ligados à necessidade são muito mais assustadores de expressar do que a raiva.

"Isso foi uma atitude racista." Isso não é difícil de dizer. Até gosto. Mas é realmente assustador alcançar o que está por trás disso, porque, para mim, os sentimentos estão tão profundamente relacionados ao racismo que chega a ser assustador – mas isso é exprimir inteiramente a raiva.

Então posso abrir minha boca e dizer à pessoa: "Quando você veio agorinha mesmo até aqui e começou a falar com o outro e a não me dizer nada, e quando ouvi o comentário sobre *brancos*, eu senti meu estômago embrulhar e fiquei muito assustada. Isso despertou em mim todos os tipos de necessidade de ser tratada com igualdade. Gostaria que você me dissesse como se sente quando lhe digo isso."

PARTICIPANTE V: Na verdade, tive uma conversa assim com a pessoa. E parte da minha raiva e frustração, que não passaram, é porque só consigo chegar até aí. Tenho a sensação de que tive toda uma série de experiências que ele não compreendia.

MARSHALL: Então, se ouvi direito, você tem medo de que os outros não se conectem de verdade ou não entendam tudo que aconteceu com você nessa experiência?

PARTICIPANTE V: Isso mesmo. E há um acúmulo de anos do que eu poderia chamar de fúria por causa dessa lacuna no entendimento.

Obtendo dos outros a compreensão sobre nossos sentimentos e necessidades

MARSHALL: Queremos obter algum entendimento dessa pessoa. Assim, expressar inteiramente a raiva não significa apenas exprimir esses sentimentos profundos por trás dela, mas também ajudar o outro a compreender.

Para isso, temos que desenvolver algumas habilidades, porque, se queremos compreensão de uma pessoa dessas, a melhor maneira de conseguir é lhe oferecendo compreensão primeiro. Vejam, quanto mais sinto empatia pelo que levou essa pessoa a se comportar assim, maior a probabilidade de que depois eu seja capaz de fazê-la retribuir e ouvir toda a profundidade das experiências que tenho. Será bem difícil para o outro ouvir. Portanto, se quero que escute, preciso primeiro demonstrar empatia.

Vou dar uma ideia de como isso acontece numa situação dessas. Nos últimos 30 anos, tive várias experiências com racismo, porque comecei usando a CNV com pessoas que tinham fortes posições étnicas. Infelizmente, até hoje, em muitos países onde trabalho, essa é a preocupação número um dos cidadãos. Em muitos lugares do mundo, *skinheads* e outros grupos neofascistas tornam muito inseguro andar pelas ruas. Esse é um problema enorme e temos que ser muito habilidosos para levar essas pessoas a entender.

Certo dia, de manhã cedo, um táxi buscou a mim e outra pessoa no aeroporto para nos levar à cidade. Pelo rádio, ouvimos "Buscar Sr. Fishman na sinagoga da rua tal e tal". O homem sentado a meu lado disse: "Essa judaiada acorda cedo para arrancar dinheiro de todo mundo." Saiu fumaça das minhas orelhas, porque é preciso bem menos do que isso para me transformar num maníaco. Por muitos anos, minha primeira reação teria sido ferir fisicamente o outro. Assim, durante uns 20 segundos tive que respirar fundo e me dar alguma empatia por todo o medo, dor, fúria e outras coisas que estavam acontecendo dentro de mim.

Então escutei aquilo. Eu tinha consciência de que minha raiva não vinha dele nem de sua declaração. Minha raiva, a profundidade do meu medo, não podia ser estimulada por uma declaração daquelas. Ela era muito mais profunda. Eu sabia que não tinha nada a ver com sua afirmação, que só foi um gatilho para eu ter vontade de explodir como um vulcão.

Eu parei e apreciei esse espetáculo julgador acontecendo na minha cabeça. Apreciei as imagens de mim arrancando a cabeça dele e esmagando-a.

Então as primeiras palavras que saíram da minha boca foram: "O que você está sentindo e necessitando?" Quis mostrar empatia por ele e ouvir sua dor. Por quê? Porque queria que ele entendesse e visse o que estava acontecendo dentro de mim depois que ele disse aquilo. Mas aprendi que, quando quero esse tipo de compreensão do que está ocorrendo dentro de mim, os outros não serão capazes de ouvir se tiverem uma tempestade acontecendo dentro deles. E eu queria me conectar e mostrar uma empatia respeitosa pela energia de vida dele que estava por trás daquele comentário. Minha experiência me dizia que, se eu fizesse isso, ele seria capaz de me ouvir. Não seria fácil, mas ele seria capaz de me ouvir. Eu disse:

– Parece que você teve algumas experiências ruins com judeus.

Ele me encarou.

– Tive – respondeu. – Essa gente é nojenta. Fazem qualquer coisa por dinheiro.

– Parece que você tem muita desconfiança e precisa se proteger financeiramente quando está com eles.

– É.

Ele continuou falando. E continuei ouvindo seus sentimentos e necessidades.

Como disse, quando a gente põe nossa atenção nos sentimentos e necessidades do outro, não há conflito. Porque quais eram seus sentimentos e necessidades? Quando ouvi que ele estava assustado e queria se proteger, consegui entender. Tenho essas mesmas necessidades. Tenho a necessidade de me proteger. Sei o que é ter medo. Quando minha consciência está nos sentimentos e necessidades de outro ser humano, vejo a universalidade de todas as nossas experiências. Posso ter um grande conflito com o que acontece na cabeça do outro, com seu modo de pensar, mas aprendi que aprecio muito mais os seres humanos quando não ouço o que pensam. Principalmente com gente que tem esse tipo de pensamento. Aprendi que posso apreciar muito mais a vida se ouvir o que está acontecendo no coração deles sem me envolver com as coisas que passam por sua cabeça.

Assim, depois de algum tempo, esse sujeito realmente estava desabafando toda a sua tristeza e frustração. Antes de nos darmos conta, ele saiu do tópico dos judeus e passou para os negros e alguns outros grupos. O sujeito tinha muita dor em relação a vários tipos de coisa.

Depois de uns 10 minutos, talvez, em que só escutei, ele parou. Sentiu-se compreendido. Então deixei que soubesse o que estava acontecendo dentro de mim.

– Sabe, quando você começou a falar, senti muita frustração e desânimo, porque tive uma experiência com judeus bem diferente da sua e queria mesmo que você tivesse a vivência que tive. Consegue me dizer o que acabou de me ouvir dizer?

– Bom, olhe, não estou dizendo que são todos...

– Desculpe – interrompi. – Espere, espere. Consegue me dizer o que me ouviu dizer?

– Como é que é?

– Vou repetir o que estou tentando dizer. Quero que você escute, escute de verdade, a dor que senti quando ouvi suas palavras. É muito importante para mim que você ouça isso. Eu disse que senti uma tristeza real porque tive experiências bem diferentes com judeus e só queria que você pudesse compartilhar uma vivência diferente da que teve. Consegue me dizer o que me ouviu dizer?

– Bom, você está dizendo que não tenho o direito de dizer isso.

– Não, na verdade não quero condená-lo – respondi. – É verdade, não tenho nenhum desejo de condenar você.

Veja, se ele ouvisse qualquer acusação, não entenderia. Mesmo se dissesse "Foi uma coisa terrível de dizer, foi uma afirmação racista, eu não deveria ter dito isso", ainda significaria que não tinha entendido. Se ouvisse que tinha feito algo errado, não teria compreendido. Eu queria que ele ouvisse a dor que surgiu em meu coração quando ele disse aquelas coisas. Queria que visse quais necessidades minhas não tinham sido atendidas quando ele afirmou aquilo. Não queria condená-lo. Isso seria fácil demais.

Então temos que trabalhar por isso; temos que pegar a pessoa julgadora pelas orelhas. Eis por quê: pessoas que julgam não estão muito acostumadas a ouvir sentimentos e necessidades. Estão acostumadas a ouvir culpa, então ou concordam com ela e ficam com raiva de si mesmas – o que não impede que continuem a se comportar daquela maneira – ou odeiam você por chamá-las de racistas – o que não impede que continuem a se comportar daquela maneira. Portanto, é isso que quero dizer com ser importante que o outro entenda. Talvez antes tenhamos que ouvir a dor dele por algum tempo.

É claro que, antes que pudesse ouvir a dor de pessoas assim, tive que me esforçar muito durante anos. Muito!

PARTICIPANTE V: Ainda sinto que quero me proteger. Em outras palavras, se pudesse escolher, eu simplesmente não teria interação com a pessoa, mas já que ele entrou em meu espaço, meio que fui envolvida. Então não sei direito o que você está tentando dizer.

MARSHALL: Estou dizendo que, se quisermos expor inteiramente nossa raiva para a pessoa, eu passaria por isso. Mas não estou dizendo que *sempre* quero fazer isso com uma pessoa dessas. Com muita frequência, minha necessidade pode ser conversar com alguém sobre a situação e ignorar aquela pessoa. Mas, se quisesse mesmo lhe expressar minha raiva por completo, eu lhe daria a empatia de que precisasse para ser capaz de ouvir a profundidade dos sentimentos e das necessidades que acontecem dentro de mim quando aquele comportamento ocorre. Foi a melhor maneira que encontrei de expor toda a minha raiva e deixar o outro saber a profundidade do que acontece dentro de mim. Como você ressalta, não basta despejar tudo isso. Preciso que ele entenda; preciso que ouça com empatia. Isso não significa que tenha que concordar nem mudar de comportamento. Só preciso que ele ouça o que acontece dentro de mim. Assim, durante 20 segundos naquele táxi, tive uma vida inteira de coisas flutuando por dentro, parei e apreciei.

Apreciando o espetáculo do julgamento na sua cabeça
Eis o que acontece dentro de mim nessas situações. Não faz muito tempo, eu estava num país e alguém estava me agredindo bastante de um jeito julgador. Essa pessoa não parava o blá-blá-blá e me dizia coisas muito condenatórias, então eis minha reação.

[Marshall fica algum tempo em silêncio.]

Então eu falei:

– Pois é, você está se sentindo muito incomodado e gostaria disso e daquilo.

A pessoa diz:

– É, e blá-blá-blá.

Eis minha reação.

[Marshall se cala outra vez.]

Então voltei a falar:

– E parece que você estava sentindo alguma dor por trás disso, porque gostaria de blá-blá-blá.

– É, e blá-blá-blá.

Isso aconteceu várias vezes e, quando terminou, uma mulher me disse:

– Marshall, nunca vi uma pessoa mais compassiva do que você. Se alguém falasse comigo do jeito que falaram com você lá, eu teria lhe dado um tapa. Como você fez aquilo?

– Vou lhe contar o que estava acontecendo dentro de mim – respondi. – Lembra-se da primeira coisa que ele falou?

– Lembro.

– Eis minha primeira reação mental: "Se você não calar a boca, vou arrancar a sua cabeça." A partir daí só piorou. Quer dizer, eu tinha algumas imagens muito explícitas do que gostaria de fazer e comecei a perceber que as declarações dessa pessoa eram bem parecidas com as zombarias que sofri quando criança. Percebi que, por trás daquela reação, eu tinha muito medo. Passei da fúria e da vontade de sacudi-lo para a consciência da humilhação que havia por trás do que eu sentia. Assim, apenas parei e escutei. E, quando cheguei àquela humilhação, àquele medo de ser humilhado, senti um alívio no corpo. Então pude fazer o que você me ouviu dizer quando desviei minha atenção de mim mesmo e a direcionei aos sentimentos e necessidades do outro. E você se lembra da segunda coisa que ele falou?

– Lembro.

– Eis minha primeira reação...

E, quando lhe contei minha primeira reação, os olhos dela ficaram arregalados.

– Eu não sabia que você era tão violento!

Então passei de muito compassivo a muito violento numa breve conversa.

Bom, essas duas coisas estão presentes aqui. Há uma quantidade enorme de violência dentro de mim, condicionada por fatores culturais e outras coisas. Portanto, aprecio isso. Só fico em silêncio quando estou com muita raiva, observando esse espetáculo violento acontecendo dentro da minha cabeça. Ouço todas as coisas agressivas que gostaria de dizer, vejo o que gostaria de fazer com a pessoa e depois escuto a dor que está por trás disso tudo. E, quando chego à dor interior, há sempre um alívio.

Então posso voltar minha atenção à humanidade do outro.

Não estou reprimindo nada, muito pelo contrário. Estou apreciando esse espetáculo violento que se passa dentro da minha mente. Só não o enceno porque encená-lo é superficial demais. Se eu me apressar e culpar os outros, nunca chegarei à dor que está por trás de tudo isso. Não serei realmente capaz de expressar por inteiro minhas necessidades e fazer com que entendam. Brigaremos, e sei como isso acaba: mesmo que eu ganhe, não me sentirei bem. Portanto, não, prefiro exprimir completamente o que acontece dentro de mim.

Não se apresse

PARTICIPANTE W: Você já mencionou que esse processo é lento e que precisa de tempo; você não se apressa ao dar empatia a si mesmo. Bom, quando estiver tentando conversar e ao mesmo tempo lidar com essa pausa, parece que você tem que dizer ao outro: "Espere um instante. Estou pensando antes de responder." Porque assim você pode pensar mais devagar para poder responder.

MARSHALL: Isso. Como já mencionei, levo comigo a foto do filho do meu amigo usando uma camiseta com a frase *Não se apresse*. Essa foto é um símbolo poderosíssimo para mim. Acho que é a parte mais importante no aprendizado desse processo, de viver segundo ele. Não se apresse.

Sim, às vezes parece estranho não me comportar da forma automática como fui treinado, mas não quero me apressar, de modo que dessa forma consiga levar a vida em harmonia com meus próprios valores em vez de viver como um robô, agindo automaticamente do modo como fui programado pela cultura em que fui criado. Portanto, sim, não se apresse. Pode parecer esquisito, mas para mim é minha vida. Não vou me apressar e vou levar a vida do jeito que quero, mesmo que pareça bobo.

Meu amigo Sam Williams anotou esse processo numa ficha de 13 cm × 8 cm – igual à que o Center for Nonviolent Communication vende hoje (aproveitamos a ideia de Sam). Ele a usava como cola no trabalho. O chefe vinha até ele de modo julgador e ele não se apressava. Parava, olhava a ficha na mão e se lembrava de como reagir. Certa vez lhe perguntei:

– Sam, os outros não acham você meio esquisito, olhando a mão e demorando todo esse tempo?

– Na verdade, não levo tanto tempo assim. Mesmo que levasse, não importa. Quero realmente me assegurar de que vou reagir do jeito que quero.

Em casa ele era franco a respeito disso. E explicou aos filhos e à mulher por que tinha aquela ficha:

– Posso parecer esquisito e posso demorar muito tempo. Mas é por isso que me comporto desse jeito.

Assim, quando tinham alguma discussão em casa, ele não se apressava. E, depois de cerca de um mês, passou a se sentir à vontade o suficiente para largar a ficha.

Aí, numa noite, ele e Scotty, seu filho de 4 anos, entraram num conflito sobre a televisão e a situação não estava boa. Então o menino disse:

– Pai, pegue a ficha.

AFORISMOS DA RAIVA

O modo como escolho olhar a situação afeta imensamente a possibilidade de mudá-la ou piorá-la.

Não há nada que o outro possa fazer para me deixar com raiva.

Qualquer pensamento na minha cabeça que envolva as palavras *tem que* provoca violência.

Não acho que ficamos com raiva porque nossas necessidades não foram atendidas. Acredito que ficamos com raiva porque fazemos julgamentos sobre os outros.

A raiva é um sentimento natural criado pelo pensamento antinatural.

Não estou dizendo que seja errado julgar os outros. O importante é ter consciência de que é esse julgamento que nos deixa com raiva.

Mesmo que você não diga os julgamentos em voz alta, seus olhos mostram esse tipo de pensamento.

Use as palavras "Sinto _____ porque eu..." para se lembrar de que o que sente não se deve ao que o outro fez, mas ao que você escolheu.

Para mim, a vida que acontece dentro de nós pode ser compreendida com mais clareza quando olhamos quais são as nossas necessidades. Pergunte-se: "Quais são minhas necessidades nesta situação?"

Quando estou conectado às minhas necessidades, tenho sentimentos fortes, mas nunca raiva. Vejo toda raiva como resultado do pensamento alienado da vida e causador de violência.

Matar os outros é superficial demais. Para mim, qualquer ação de matar, culpar ou ferir os outros é uma expressão muito superficial da raiva.

Nossa meta é manter nossa atenção, minuto a minuto, conectada à vida, à vida que acontece dentro de nós. Quais são nossas necessidades neste momento e o que está vivo nos outros?

A tristeza é um sentimento que nos mobiliza para satisfazer nossas necessidades. A raiva é um sentimento que nos mobiliza para culpar e punir os outros.

Expressar inteiramente a raiva não significa apenas expor esses sentimentos profundos por trás dela, mas também ajudar o outro a entender isso.

Exprimir a raiva por completo significa sintonizar toda a nossa consciência na necessidade que não está sendo atendida.

A melhor maneira de obter compreensão dos outros é lhes dando compreensão também. Se quiser que eles ouçam meus sentimentos e necessidades, antes preciso demonstrar empatia.

Quando dou aos outros a empatia de que necessitam, descubro que não é tão difícil assim fazer com que me ouçam.

A raiva é um sentimento muito valioso na CNV. É um toque de despertar. Ela me diz que estou pensando de um jeito praticamente capaz de garantir que minhas necessidades não sejam atendidas. Por quê? Como minha energia não está conectada com minhas necessidades, nem sequer percebo quais são elas quando estou com raiva.

5

Criando filhos com compaixão

Como educar seu filho de acordo com a Comunicação Não Violenta

Ensinamos a Comunicação Não Violenta a pais e mães há mais de 30 anos. Gostaria de compartilhar algumas coisas que foram úteis a mim e a eles, além de algumas ideias que tive sobre a tarefa desafiadora e maravilhosa de criar filhos.

Primeiro, gostaria de chamar sua atenção para o perigo da palavra *criança* quando permitimos que se aplique a um tipo diferente de respeito que teríamos por alguém não rotulado de criança. Vou mostrar a que estou me referindo.

Nos workshops para pais e mães que fiz ao longo dos anos, geralmente começava dividindo o grupo em dois. Eu colocava um grupo numa sala, o outro noutra sala e dava a cada um deles a tarefa de escrever, numa folha grande de papel, um diálogo entre eles e outra pessoa numa situação de conflito. Então dizia aos dois grupos qual era o conflito. A única diferença é que dizia a um dos grupos que a outra pessoa era seu filho ainda criança e, ao outro, que a disputa era com um vizinho.

Então voltávamos a juntar todo mundo e olhávamos essas folhas de papel que esboçavam o diálogo que o grupo teria. (Eu não deixava que soubessem quem era a pessoa na interação do outro grupo, de modo que todos pensavam que a situação era a mesma.)

Depois que examinavam o diálogo escrito por ambos os grupos, eu lhes perguntava se viam alguma diferença no grau de respeito e compaixão. Toda vez que fiz isso, o grupo que trabalhava com a situação do filho foi considerado menos respeitoso e compassivo em sua comunicação do que o que tinha conflito com um vizinho. Isso revelava dolorosamente aos participantes como é fácil desumanizar alguém apenas por pensar nela ou nele como "criança".

MINHA PERCEPÇÃO

Certo dia, tive uma experiência que realmente aguçou minha percepção para o perigo de pensar nos outros como crianças. Essa experiência se seguiu a um fim de semana no qual trabalhei com uma gangue de rua e uma delegacia de polícia. Eu estava mediando a relação entre os dois grupos. Houvera considerável violência entre eles e me pediram que servisse de mediador. Depois de passar o mesmo tempo com ambos os grupos, lidando com a violência que cultivavam um pelo outro, eu estava exausto. Enquanto voltava para casa, disse a mim mesmo: "Nunca mais quero estar no meio de um conflito pelo resto da vida."

É claro que, quando entrei pela porta dos fundos de casa, meus três filhos estavam brigando. Expressei-lhes minha dor do jeito que defendemos na Comunicação Não Violenta. Expus como me sentia, quais eram minhas necessidades e quais eram meus pedidos. E assim fiz. Aos berros, falei:

– Quando ouço tudo isso que está acontecendo agora, fico extremamente tenso! Tenho necessidade real de paz e tranquilidade depois do fim de semana que tive! Vocês poderiam me dar esse tempo e espaço?

Meu filho mais velho me encarou e disse:

– Você gostaria de falar sobre isso?

Bom, naquele momento eu o desumanizei no meu pensamento. Por quê? Porque disse a mim mesmo: "Que gracinha. Eis um menino de 9 anos tentando ajudar o pai." Mas percebam atentamente o modo como eu desdenhei de sua oferta por causa da idade dele, porque o rotulara como filho, como criança. Felizmente, vi que isso estava acontecendo na minha mente e talvez tenha sido capaz de ver com mais clareza porque o trabalho que vinha fazendo entre a gangue de rua e a polícia me mostrou o perigo de pensar nos outros a partir de rótulos, e não de sua humanidade.

Assim, em vez de vê-lo como criança e pensar comigo "Que gracinha", vi um ser humano que estendia a mão a outro ser humano que estava sofrendo e respondi em voz alta:

– Sim, eu gostaria de falar sobre isso.

E os três me seguiram até outra sala e escutaram enquanto eu abria meu coração, mostrando como era doloroso ver que as pessoas podiam chegar a ponto de querer machucar as outras apenas porque não tinham sido treinadas para ver a humanidade dos outros. Depois de falar sobre isso durante uns 45 minutos, eu me senti maravilhosamente bem e, se me lembro direito, ligamos o som e dançamos como doidos por algum tempo.

NOSSA EDUCAÇÃO COMO PAIS

Não estou sugerindo que não usemos palavras como *criança* como forma sucinta de explicar aos outros que falamos sobre pessoas de certa idade. Estou me referindo a quando permitimos que rótulos como esse nos impeçam de ver a outra pessoa como um ser humano, desumanizando o outro graças ao que nossa cultura nos ensinou sobre "crianças". Vou mostrar uma extensão do que quero dizer, de como o rótulo *criança* pode nos levar a comportamentos bastante infelizes.

Por ter sido educado a pensar de certo modo sobre o que significa criar filhos, eu achava que a tarefa do pai e da mãe era fazer as crianças se comportarem. Veja, depois que nos definimos como autoridade – professor, pai, mãe – na cultura em que fui educado, consideramos nossa responsabilidade fazer as pessoas que rotulamos como "crianças" ou "alunos" se comportarem de determinada maneira.

Agora vejo que esse objetivo está fadado ao fracasso, porque aprendi que, toda vez que nossa meta é levar outra pessoa a se comportar de determinada maneira, o mais provável é que ela resista, não importa o que estejamos pedindo. Isso parece ser verdade quando o outro tem 2 ou 92 anos.

Esse propósito de conseguirmos o que queremos dos outros – ou de levá-los a fazer o que desejamos – ameaça sua autonomia, seu direito de escolha do que querem fazer. E, sempre que acham que não estão livres para escolher, a probabilidade é que as pessoas resistam, mesmo que vejam o objetivo por trás do que pedimos e, em geral, estejam dispostas a fazer aquilo. A necessidade de proteger nossa autonomia é tão forte que, quando vemos que alguém tem essa determinação de propósito, que age como se achasse que sabe o que é melhor para nós sem nos permitir escolher como nos comportaremos, nossa resistência é estimulada.

AS LIMITAÇÕES DA COERÇÃO E DA PUNIÇÃO

Serei para sempre grato a meus filhos por me ensinarem a respeito das limitações de ter como objetivo levar os outros a fazerem o que queremos. Em primeiro lugar, eles me mostraram que eu não podia obrigá-los a fazer o que eu queria. Não podia obrigá-los a fazer nada. Não podia obrigá-los a guardar o brinquedo de volta na caixa. Não podia obrigá-los a fazer a cama. Não podia obrigá-los a comer. Foi uma lição muito humilhante para mim como pai – aprender sobre a minha impotência – porque em algum momento enfiei na cabeça que a tarefa dos pais era fazer os filhos se comportarem. E ali estavam aquelas crianças pequenas me ensinando esta lição de humildade: que eu não podia obrigá-las a nada. O máximo que conseguia era levá-los a desejar que tivessem feito o que eu queria. Sempre que fui tolo a ponto de agir assim – isto é, fazê-las desejar ter obedecido –, elas me ensinaram uma segunda lição sobre poder e criação de filhos que se mostrou muito valiosa para mim com o passar dos anos. Toda vez que eu as fazia desejar ter obedecido, elas me faziam desejar que eu não tivesse feito isso. Violência gera violência.

Meus filhos me ensinaram que todo uso de coerção da minha parte invariavelmente criava resistência da parte deles, o que podia provocar uma qualidade na conexão entre nós que insinuava que fôssemos adversários. Não quero ter esse tipo de conexão com nenhum ser humano, muito menos com meus filhos, os seres humanos dos quais sou mais íntimo e pelos quais me responsabilizo. Assim, eles são as últimas pessoas com quem quero entrar nesses jogos coercitivos dos quais a punição faz parte.

Esse conceito de punição é defendido com vigor pela maioria dos pais. Estudos indicam que cerca de 80% dos pais americanos acreditam piamente no castigo físico das crianças. É mais ou menos o mesmo percentual da população que acredita na pena capital para criminosos. Com uma percentagem tão alta da população acreditando que a punição é justificada e necessária na educação dos filhos, tive muitas oportunidades, ao longo dos anos, de discutir essa questão com pais e mães, e fico contente ao ver que é possível ajudar os outros a ver as limitações de qualquer tipo de punição se, simplesmente, fizerem a si mesmos duas perguntas.

Pergunta número um: *O que queremos que a criança faça de um jeito diferente?* Se só fizermos essa pergunta, sem dúvida pode parecer que a punição às vezes funciona, porque, com certeza, com a ameaça ou a aplicação de punição podemos às vezes influenciar a criança a fazer o que gostaríamos que fizesse.

No entanto, quando acrescentamos uma segunda pergunta, minha experiência é que os pais veem que a punição nunca funciona. Esta segunda pergunta é: *Quais queremos que sejam as razões da criança para agir como gostaríamos que agisse?* Essa pergunta é que nos ajuda a ver que a punição, além de não funcionar, também impede que nossos filhos façam as coisas pelas razões que gostaríamos que fizessem.

Como a punição é usada e justificada com tanta frequência, os pais só conseguem imaginar que seu oposto seja um tipo de permissividade em que nada fazemos quando as crianças se comportam de um jeito que não está em harmonia com nossos valores. Portanto, eles só conseguem pensar: "Se eu não punir, vou abrir mão dos meus valores e deixar a criança fazer o que quiser." Como discutirei a seguir, há outras abordagens além da permissividade ou de táticas coercitivas como a punição.

Enquanto estamos neste ponto, gostaria de ressaltar que a recompensa é tão coercitiva quanto a punição. Em ambos os casos, usamos o poder *sobre* as pessoas, controlando o ambiente de modo a forçá-las a se comportarem da maneira que queremos. Nesse aspecto, a recompensa, como a punição, tem origem no mesmo modo de pensar.

UM CERTO TIPO DE CONEXÃO

Há outra abordagem além de não fazer nada ou usar táticas coercitivas. Ela exige a percepção da diferença sutil, mas importante, entre nossa meta de levar as pessoas a fazerem o que queremos – o que não defendo – e a clareza de que nosso objetivo é criar o tipo de conexão necessário para satisfazer as necessidades de todos.

Na minha experiência, quer me comunique com crianças, quer com adultos, quando vemos a diferença entre esses dois objetivos – quando conscientemente não tentamos obrigar ninguém a fazer o que queremos e tentamos criar uma qualidade de preocupação mútua, de respeito mútuo, em que ambos os lados acham que suas necessidades têm importância e são conscientes de que suas necessidades e o bem-estar do outro são interdependentes –, é espantoso que conflitos que pareciam insolúveis sejam facilmente resolvidos.

O tipo de comunicação voltado para a criação da qualidade de conexão necessária para satisfazer as necessidades de todos é bem diferente do usado em formas coercitivas com crianças. Ele exige a passagem da avaliação dela a partir de termos moralistas, como certo/errado ou bom/mau, para uma linguagem baseada em necessidades. Temos que ser capazes de dizer a nossos filhos se o que estão fazendo está em harmonia ou em conflito com as nossas necessidades, mas de maneira a não estimular culpa nem vergonha. Portanto, pode ser preciso dizer a uma criança "Fico assustado quando vejo você batendo no seu irmão, porque tenho necessidade de que todos na família estejam em segurança" em vez de "É errado bater no seu irmão". Ou pode exigir que deixemos de dizer "Você é um preguiçoso que não arruma seu quarto" para dizer "Eu fico frustrado quando vejo que a cama não está feita, porque tenho verdadeira necessidade de receber apoio para manter a casa em ordem".

Essa mudança de linguagem – de deixar classificar o comportamento da criança a partir de certo ou errado e bom ou mau e passar a usar uma linguagem baseada em necessidades – não é fácil para nós, que fomos educados por pais e professores para pensar a partir de julgamentos moralistas. Isso também exige a capacidade de estar presente com nossos filhos e escutá-los com empatia quando estão angustiados. Isso não é fácil quando fomos treinados para intervir e dar conselhos ou tentar consertar a situação.

Quando trabalho com pais e mães, examinamos hipóteses nas quais uma criança diria algo como "Ninguém gosta de mim". Quando elas dizem coisas assim, acredito que necessitam de um tipo empático de conexão. Com isso, quero dizer uma compreensão respeitosa na qual sintam que estamos ali e que realmente ouvimos o que sentem e necessitam. Às vezes podemos fazer isso em silêncio, mostrando apenas no olhar que estamos ao lado delas com seus sentimentos de tristeza e sua necessidade de uma qualidade de conexão diferente com os amigos. Ou pode ser necessário dizer em voz alta algo como: "Então parece que você está mesmo triste porque não está se divertindo muito com seus amigos."

Mas muitos pais, ao determinarem que seu papel consiste em deixar os filhos felizes o tempo todo, interferem quando uma criança diz algo assim e respondem com coisas como "Bom, você já olhou o que anda fazendo para afastar seus amigos?". Ou discordam da criança e dizem: "Ora, isso não é verdade. Você já teve outros amigos. Tenho certeza de que fará outros." Ou dão conselhos: "Talvez, se você falar com seus amigos de um jeito diferente, eles gostem mais de você."

O que esses pais não percebem é que todos os seres humanos, quando sentem dor, precisam de presença e empatia. Podemos querer conselhos, mas só depois de recebermos a conexão empática. Meus próprios filhos me ensinaram isso do jeito mais difícil quando me disseram: "Papai, guarde todos os conselhos para quando receber uma solicitação nossa por escrito com firma reconhecida em cartório."

AS LIMITAÇÕES DA RECOMPENSA

Muita gente acredita que é mais humano usar a recompensa do que a punição. Mas vejo ambas as alternativas como o uso de poder *sobre* os outros – e a Comunicação Não Violenta se baseia no poder *com* os outros. No poder *com* os outros, tentamos exercer influência não por saber que podemos fazer a pessoa sofrer se ela não fizer o que queremos ou por podermos recompensá-la se fizer. Em vez disso, trata-se de um poder baseado em confiança e respeito mútuos, o que deixa as pessoas dispostas a ouvirem umas às outras, a aprenderem umas com as outras e a se doarem de boa vontade umas às outras, pelo desejo de contribuir para o bem-estar umas das outras, não por medo de punição ou pela expectativa da recompensa.

Obtemos esse tipo de poder – poder *com* os outros – quando somos capazes de transmitir abertamente nossos sentimentos e necessidades sem criticar os outros. Fazemos isso apresentando o que gostaríamos de receber deles de um modo que não seja ouvido como exigência nem ameaça. E, como disse, isso também exige, de fato, ouvir o que os outros tentam nos transmitir, mostrando um entendimento preciso, em vez de nos intrometendo rapidamente para dar conselhos ou tentar resolver a situação.

Para muitos pais, o modo como falo sobre comunicação é tão diferente que eles dizem: "Ora, não parece natural se comunicar assim." Exatamente na mesma época em que eu estava desenvolvendo essas ideias, li algo que Gandhi escreveu: "Não confunda o que é habitual com o que é natural." Gandhi dizia que, muitas vezes em nossa cultura, somos treinados a nos comunicar e a agir de maneira muito pouco natural, mas que isso se tornou habitual, pois, por várias razões, aprendemos a fazer desse jeito. Essa citação me soou bastante verdadeira na forma como fui treinado a me comunicar com crianças. O modo como aprendi a me comunicar julgando correção e incorreção, bondade e maldade, e ministrando punição era amplamente usado e, com muita facilidade, se tornou habitual para mim como pai. Mas eu não diria que algo é natural só porque se tornou habitual.

Entendi que é muito mais natural as pessoas se conectarem de maneira amorosa e respeitosa e fazerem as coisas por alegria umas com as outras, em vez de usar punições e recompensas ou culpa e condenação como meio de coerção. Mas essa transformação exige uma boa quantidade de consciência e esforço.

TRANSFORMANDO SUA COMUNICAÇÃO HABITUAL

Lembro-me de uma ocasião durante minha passagem do modo habitualmente julgador de me comunicar com meus filhos para o jeito que defendo hoje. Naquele dia, meu filho mais velho e eu tínhamos um conflito e eu estava demorando para me comunicar do jeito que escolhera, e não do jeito que se tornara habitual. Quase tudo que me vinha à mente era alguma declaração coercitiva sob a forma de um julgamento por ele ter dito o que dissera. Então tive que parar, respirar fundo e pensar em como ter um contato maior com as minhas necessidades e com as dele. Isso levou algum tempo e ele estava ficando irritado porque um amigo o esperava lá fora. Ele disse:

– Pai, você está demorando demais para falar.

– Vou lhe contar o que posso dizer depressa: faça do meu jeito, senão vou bater em você – afirmei.

– Não se apresse, pai. Não se apresse – respondeu ele.

Portanto, sim, prefiro não me apressar e fluir na energia que escolhi para me comunicar com meus filhos a responder do jeito habitual a que fui treinado, que na verdade não está em harmonia com meus valores. Infelizmente, é comum recebermos dos que nos cercam muito mais reforço para nos comportarmos com nossos filhos de maneira julgadora e punitiva do que de um jeito respeitoso.

Recordo um jantar de Ação de Graças em que fiz o possível para me comunicar com meu filho caçula da maneira que estou defendendo, e não era fácil, porque ele estava me testando até o limite. Eu não me apressei: respirava fundo, tentava entender quais eram suas necessidades, buscava entender minhas próprias necessidades para poder expressá-las de modo respeitoso. Outro membro da família que observava minha conversa com meu filho, tendo sido treinado com uma forma diferente de se comunicar, esticou-se em certo momento e cochichou em meu ouvido: "Se fosse meu filho, ele se arrependeria do que está dizendo."

Conversei com muitos pais que passam por experiências semelhantes – quando tentam se relacionar de maneira mais humana com os próprios filhos, em vez de receber apoio, em geral são criticados. É comum as pessoas confundirem o que estou descrevendo com permissividade ou com não dar às crianças a orientação de que precisam, em vez de entenderem que é uma qualidade diferente de orientação. É uma orientação que vem da confiança mútua entre os dois lados, e não da autoridade que um lado impõe ao outro.

Um dos resultados mais tristes de obrigar os filhos a fazerem o que queremos – em vez de nosso objetivo ser que todos consigam o que querem – é que, mais cedo ou mais tarde, eles vão passar a ouvir uma exigência em tudo que pedirmos. E, sempre que ouvem uma exigência, é difícil para as pessoas se concentrarem no valor do que está sendo pedido, porque, como já disse, isso ameaça sua autonomia – que é uma forte necessidade comum a todos nós. As pessoas querem ser capazes de fazer as coisas quando preferem, não porque estão sendo forçadas a isso. Assim que alguém ouve uma exigência, qualquer solução que satisfaça as necessidades de todos fica muito mais difícil.

"GUERRA DE TAREFAS"

Por exemplo, meus filhos receberam diversas tarefas para fazer em casa. Pedimos ao mais novo, Brett, na época com 12 anos, que levasse o lixo para fora duas vezes por semana. Isso consistia no simples ato de retirar a lata de lixo de baixo da pia da cozinha e levá-la até a frente do gramado, onde seu conteúdo poderia ser recolhido. Todo esse processo podia ser feito em cinco minutos. Mas duas vezes por semana criava-se uma batalha quando o lixo tinha que ser levado para fora.

Como essa batalha começava? Em geral, quando eu simplesmente mencionava o nome dele. Eu dizia "Brett". Mas, é claro, pela entonação como eu pronunciava, ele entendia que eu já estava zangado e o condenava por não ter feito o que deveria. E, embora eu chamasse seu nome tão alto que os vizinhos dois quarteirões mais abaixo conseguiriam ouvir, o que ele fazia para intensificar a guerra? Fingia não escutar, embora estivesse no cômodo ao lado. E o que acontecia? Eu ficava com mais raiva ainda, é claro, e a guerra continuava. Gritava seu nome ainda mais alto uma segunda vez, para que ele não pudesse fingir que não ouvia. E o que ele fazia? Dizia:

– O que você quer?
– O lixo não está lá fora.
– Você é muito perspicaz.
– Leve lá para fora.
– Depois.
– Você disse isso na última vez e não levou.
– Isso não significa que não vou levar desta vez.

Veja toda a energia investida no simples ato de conseguir que o lixo fosse levado para fora. Toda a tensão criada entre nós, tudo porque, naquela época, eu achava que era tarefa dele fazer aquilo, que ele tinha que fazê-la para que aprendesse a ter responsabilidade. Portanto, em outras palavras, aquilo lhe era apresentado como uma exigência.

As pessoas recebem pedidos como exigências quando acham que serão punidas ou culpadas se não os atenderem. Quando têm essa ideia, toda a alegria de fazer qualquer coisa lhes é tirada.

Certa noite, tive uma conversa com Brett sobre isso, numa época em que eu estava começando a entender. Eu estava percebendo que o pensamento que achava certo – que minha tarefa como pai era fazer as crianças se comportarem – era destrutivo. Assim, conversamos sobre a razão de o lixo não ser levado para fora, e nessa época eu começava a aprender a escutar melhor, a ouvir os sentimentos e as necessidades que estavam por trás de ele não atender ao meu pedido. E vi com muita clareza que ele tinha a necessidade de fazer as coisas porque escolhia fazê-las, não porque estava sendo forçado.

Quando notei isso, eu lhe disse:

– Brett, como sairemos desta situação? Sei que realmente fiz exigências no passado, pois, quando não atendia ao meu pedido, eu condenava você por não cooperar com a família. Como vamos resolver esta história para chegarmos a uma posição em que possamos fazer as coisas um para o outro com um tipo diferente de energia?

E Brett teve uma ideia que foi muito proveitosa. Ele sugeriu:

– Pai, que tal se, quando não tiver certeza que é um pedido ou uma exigência, eu perguntar: "É um pedido ou uma exigência?"?

– Gosto dessa ideia – respondi. – Ela vai me obrigar a parar e examinar meu pensamento e ver se realmente estou dizendo: "Ei, eu gostaria muito que você fizesse isso. Vai satisfazer minha necessidade, mas, se sua necessidade está em conflito, gostaria de saber e vamos dar um jeito de satisfazer as necessidades de todos."

Gostei da sugestão dele de parar e ver que tipo de motivação havia em mim. Então, no dia seguinte, antes que ele fosse para a escola, tivemos três oportunidades para testar. Porque, três vezes naquela manhã, pedi-lhe que fizesse alguma coisa, e em todas as vezes ele me olhou e perguntou: "Pai, isso é um pedido ou uma exigência?" E todas as vezes que olhei para dentro, vi que ainda era uma exigência. Ainda havia em mim aquela ideia de que ele tinha que fazer aquilo, de que era a única coisa sensata a fazer. Havia a disposição a ficar cada vez mais coercitivo se ele não fizesse o que eu queria. E foi útil que ele me chamasse a atenção. Todas as vezes, parei, entrei em contato com minhas necessidades, tentei ouvir as dele e lhe disse: "Tudo bem, obrigado. Isso ajuda. Era uma exigência e agora é um pedido." E ele conseguia sentir a diferença em mim. E, nas três vezes, atendeu ao meu pedido sem questionar.

Quando ouvem exigências, as pessoas acham que nosso carinho, nosso respeito e nosso amor são condicionais. Parece que só vamos gostar delas se fizerem o que queremos.

AMOR INCONDICIONAL

Lembro-me de certa vez, anos atrás, quando Brett tinha 3 anos, em que eu me perguntava se estava transmitindo a qualidade incondicional de amor a ele e a meus outros filhos. Por acaso, foi ele quem apareceu enquanto eu refletia sobre esse assunto. Quando ele entrou na sala, perguntei:

– Brett, por que papai ama você?

Ele me olhou e respondeu na mesma hora:

– Porque agora faço cocô no banheiro?

Fiquei muito triste no momento em que ele disse isso, porque estava muito claro. Como ele poderia pensar de outra maneira? Reajo de modo bem diferente a meus filhos quando eles fazem o que quero e quando não fazem. Então lhe disse:

– Bom, gosto disso, mas não é por isso que amo você.

– Então é porque não jogo mais comida no chão?

Ele se referia a uma pequena discordância que tivéramos na noite anterior, quando ele jogara comida no chão. E eu disse:

– Mais uma vez, gosto quando você deixa a comida no prato. Mas não é por isso que amo você.

Nisso ele ficou muito sério, me olhou e perguntou:

– Então por que você me ama, papai?

Agora eu estava me perguntando: por que entrara numa conversa abstrata sobre amor incondicional com um menino de 3 anos? Como explicar isso a alguém dessa idade? E respondi sem pensar:

– Ora, eu amo você porque você é você.

Na hora, o pensamento imediato que tive foi "Que coisa vaga e banal", mas ele entendeu. Captou a mensagem. Vi isso em seu rosto.

Ele se alegrou, me olhou e disse:

– Ah, você me ama porque eu sou eu, papai. Você me ama porque eu sou eu.

Nos dois dias seguintes, parecia que, de 10 em 10 minutos, ele corria para mim, parava a meu lado, me olhava e dizia:

– Você me ama porque eu sou eu, papai. Você me ama porque eu sou eu.

Transmitir ao outro essa qualidade de amor incondicional, respeito e aceitação não significa que temos que gostar de tudo que ele faz. Nem que temos que ser permissivos e abrir mão de nossos valores e necessidades. Basta mostrar aos outros, quando não atendem a um pedido nosso, a mesma qualidade de respeito de quando atendem. Depois de fazermos isso por meio da empatia, não nos apressando para entender por que não realizaram o que queríamos, podemos então buscar uma maneira de influenciá-los para que façam de boa vontade o que pedimos. Em alguns casos, quando os outros se comportam de uma forma grave que ameaça nossa necessidade de segurança e não há tempo nem capacidade para nos comunicarmos sobre o assunto, podemos até usar a força. Mas o amor incondicional exige que, não importa como se comporte, o outro confie que receberá de nós uma determinada qualidade de compreensão.

PREPARANDO NOSSOS FILHOS

É claro que, muitas vezes, nossos filhos estarão em situações em que não receberão aceitação, respeito e amor incondicionais. Estarão na escola, onde, talvez, os professores usem uma forma de autoridade baseada em outro tipo de pensamento – isto é, de que respeito e amor têm que ser conquistados, que merecemos ser culpados ou punidos quando não nos comportamos de determinada maneira. Assim, uma de nossas tarefas como pais é mostrar aos filhos um modo de permanecerem humanos, mesmo quando expostos a outros que usam algum meio de coerção.

Um dos meus dias mais felizes como pai foi quando meu filho mais velho foi para uma escola do bairro. Ele tinha 12 anos na época. Acabara de passar seis anos numa escola onde ajudei a treinar os professores, uma escola baseada nos princípios da Comunicação Não Violenta, onde se esperava que as pessoas fizessem as coisas não por punição ou recompensa, mas por verem como aquilo contribuía para o próprio bem-estar e o dos outros, em que a avaliação se fazia a partir de necessidades e pedidos, não a partir de julgamentos. E seria uma experiência bem diferente para ele, depois de seis anos nessa escola, ir para a escola do bairro, que, lamento dizer, não funcionava do jeito que eu gostaria.

Antes de ele ir para essa escola, tentei lhe transmitir alguma noção da razão por que os professores dessa escola se comunicariam e se comportariam de maneira diferente. Tentei lhe dar habilidade para lidar com as situações que ocorreriam. Quando ele voltou da escola no primeiro dia, fiquei muito feliz ao descobrir como ele usara o que eu lhe oferecera. Perguntei:

– Rick, como foi na escola nova?

– Ah, é legal, pai – disse ele. – Mas, caramba, tem uns professores...

Pude ver que ele estava angustiado, então indaguei:

– O que aconteceu?

– Pai, eu nem tinha passado pela porta, na verdade eu ainda estava entrando, quando o professor me viu, veio correndo e gritou: "Ora, ora, vejam essa garotinha."

O professor estava reagindo ao fato de que, na época, meu filho usava o cabelo comprido até os ombros. E, aparentemente, achava que, como autoridade, sabia o que era certo, que havia um jeito certo de usar o cabelo e que, se as pessoas não fizessem as coisas do jeito correto, era preciso envergonhá-las, culpá-las ou puni-las para que se endireitassem.

Fiquei triste ao saber que meu filho fora recebido dessa maneira em seu primeiro dia na nova escola. E perguntei:

– E o que você fez?

– Pai, eu me lembrei do que você disse: quando estiver num lugar assim, nunca devo dar a eles o poder de me fazer me submeter ou me rebelar – respondeu ele.

Bom, fiquei muito contente ao ver que ele se lembrara desse princípio abstrato numa hora daquelas. Comentei que estava contente por ele ter recordado e perguntei:

– Como você lidou com a situação?

– Pai, também fiz o que você sugeriu: que, quando falarem comigo desse jeito, eu tente ouvir o que estão sentindo e necessitando, sem levar para o lado pessoal. Só tentei ouvir os sentimentos e necessidades dele.

– Uau, fico contente por você ter pensado nisso – acrescentei. – E o que ouviu?

– Era muito óbvio, pai. Ouvi que ele estava irritado e queria que eu cortasse meu cabelo.

– Ah – murmurei. – E como você se sentiu ao receber a mensagem dele dessa maneira?

– Pai, fiquei muito triste por ele. Ele é careca e parece que tem um problema com cabelo.

O JOGO DO "CAPITÃO"

Tive uma ótima experiência com meus filhos quando eles tinham 3, 4 e 7 anos. Na época eu estava escrevendo um livro para professores sobre como criar escolas em harmonia com os princípios da Comunicação Não Violenta, em harmonia com os princípios de respeito mútuo entre professores e alunos – de modo a criar instituições que promovessem os valores da autonomia e da interdependência. Como parte da pesquisa para o projeto, quis aprender mais sobre os tipos de escolha que poderíamos confiar que as crianças fariam e que pudéssemos contar com elas para que desenvolvessem melhor sua capacidade de tomar decisões na vida.

Nessa época, achei que um bom modo de aprender mais sobre isso seria praticando com meus filhos um jogo que chamamos de "Capitão". Todo dia, eu nomeava uma das crianças como capitão. E lhe confiava muitas decisões que normalmente eu tomaria. Mas só passaria a decisão às crianças quando estivesse disposto a conviver com qualquer escolha que elas fizessem. Como eu disse, meu propósito com esse jogo era aprender como as crianças escolheriam, com que idade conseguiriam fazer certas escolhas e quais não seriam fáceis para elas.

Eis um exemplo de como esse jogo se desenrolou e como foi uma boa experiência de aprendizado para mim. Certa vez, levei as crianças para buscar a roupa na lavanderia. Quando paguei, a mulher me entregou três balas para as crianças. Imediatamente, vi uma boa oportunidade de repassar a decisão ao capitão. Quando a mulher me estendeu as balas, eu disse:

– Por favor, dê as balas ao capitão.

Bom, ela não sabia do que eu estava falando, mas o capitão sabia. Brett, de 3 anos, avançou, estendeu a mão e ela lhe entregou as balas. Então perguntei:

– Capitão, pode escolher o que fazer com essas balas?

Imagine que dura decisão para esse capitão de 3 anos. Ali estava ele com três balas na mão. Uma irmã a encará-lo; um irmão a encará-lo. O que escolheria? Bom, depois de pensar bem, ele deu uma bala ao irmão, outra à irmã e comeu a terceira.

Quando contei essa história pela primeira vez a um grupo de pais e mães, um deles afirmou:

– Ora, mas foi porque você lhe ensinou que o certo é dividir.

E eu respondi:

– Ah, sei que não foi isso, porque uma semana antes ele esteve numa situação bem parecida e comeu as três balas. Adivinhe o que lhe aconteceu no dia seguinte? Ele aprendeu que, se não levarmos em conta as necessidades dos outros, as nossas nunca serão atendidas. Ele realmente teve uma aula rápida de interdependência. Foi emocionante para mim ver com que rapidez as crianças percebiam isso quando de fato tinham que fazer escolhas – que nunca conseguimos cuidar direito de nós mesmos sem demonstrar a mesma preocupação com as necessidades dos outros.

Como eu disse, não é fácil para os pais abrir mão do conceito de punição. Está profundamente arraigada em muitos pais a ideia de que a punição é uma necessidade. E eles não conseguem imaginar o que mais se pode fazer quando as crianças se comportam de uma maneira que pode ser prejudicial para si e para os outros, Não conseguem conceber outras opções além da permissividade, de deixar para lá ou de usar algum tipo de ação punitiva.

O USO DA FORÇA

Achei muito importante apresentar a esses pais e mães o conceito do uso protetor da força e fazer com que vissem a diferença entre o uso protetor da força e o uso punitivo da força. Quando é que, às vezes, temos que usar alguma forma de força com nossos filhos?

As condições que exigem isso seriam quando não há tempo para se comunicar e o comportamento da criança é prejudicial para ela ou para os outros. Ou pode ser que alguém não esteja disposto a falar. Portanto, quando uma dessas situações ocorrer e, enquanto isso, ela estiver se comportando de um modo que entra em conflito com uma de nossas necessidades – como a de proteger os outros –, talvez tenhamos que usar a força. Mas aí precisamos ver a diferença entre o uso protetor e o uso punitivo da força. Uma das diferenças entre os dois está no pensamento da pessoa que vai empregá-la.

No uso punitivo da força, a pessoa fez um julgamento moralista do outro, um julgamento que pressupõe que o outro fez algo errado e por isso merece punição. Essa gente merece sofrer pelo que fez. Essa é a ideia da punição. Vem da ideia de que os seres humanos são basicamente criaturas más e pecadoras e o processo corretivo serve para torná-las penitentes. Temos que convencê-las de como são terríveis por agirem assim. E o modo de fazer isso é usando algum tipo de punição para que sofram. Às vezes, pode ser uma punição física, como uma surra, ou uma punição psicológica, para que se sintam culpadas ou envergonhadas.

O pensamento por trás do uso protetor da força é bem diferente. Não há consciência de que a outra pessoa seja má ou mereça punição. Nossa consciência está inteiramente concentrada nas nossas necessidades. Compreendemos qual necessidade nossa está em risco, mas não insinuamos, de modo algum, maldade ou incorreção na criança.

Esse tipo de pensamento é uma diferença significativa entre os dois usos da força. E está intimamente ligado a uma segunda diferença: a intenção. No uso punitivo da força, nossa intenção é criar dor e sofrimento no outro, fazer com que se arrependa do que fez. No uso protetor da força, nossa intenção é apenas proteger. Protegemos nossas necessidades e, mais tarde, teremos a comunicação necessária para educar a pessoa. Mas, no momento, pode ser necessário usar a força para proteção.

Um exemplo disso seria quando meus filhos eram pequenos e morávamos numa rua movimentada. Eles pareciam fascinados pelo que acontecia no outro lado da rua, mas ainda não tinham aprendido o perigo de simplesmente atravessar correndo de repente. Eu tinha certeza de que, se pudéssemos conversar por tempo suficiente sobre isso, conseguiria educá-los, mas, no meio-tempo, tinha medo de que morressem. E aí está um caso de uso protetor da força: não havia tempo para me comunicar antes que algo grave acontecesse. E o que eu lhes disse foi: "Se eu vir vocês correndo na rua, vou colocá-los no quintal dos fundos, onde não ficarei com medo de que sejam atropelados." Pouco tempo depois de dizer isso, um deles esqueceu e começou a correr na rua. Peguei-o, levei-o para o quintal e o deixei lá. Não era uma punição; havia muita coisa para fazer no quintal: tínhamos balanços e um escorrega. Eu não queria que ele sofresse. Só queria delimitar o ambiente para satisfazer minha necessidade de segurança.

Aí muitos pais dizem: "Ora, a criança provavelmente verá isso como punição." Bom, se no passado a intenção tivesse sido punir ou se a criança tivesse enfrentado muitas situações de aplicação punitiva da força, então, sim, ela ainda poderia entender como punição. Mas o principal é que nós, pais, estejamos conscientes dessa diferença e que, se usarmos a força, tenhamos certeza de que é para proteger, não para punir.

Um modo de recordar o propósito do uso protetor da força é ver a diferença entre controlar a criança e controlar o ambiente. Na punição, tentamos controlar as crianças levando-as a se sentirem mal por suas atitudes e tentando gerar vergonha, culpa ou medo pelo que fizeram. Mas, no uso protetor da força, nossa intenção não é controlar a criança, e sim o ambiente, resguardando nossas necessidades até o momento em que possamos ter a qualidade de comunicação realmente necessária. É parecido com pôr telas nas janelas para nos proteger dos mosquitos. É um uso protetor da força. Controlamos o ambiente para impedir que aconteçam coisas que não queremos.

COMUNIDADES DE APOIO

O modo de criar filhos que defendo aqui é bem diferente do da maioria. É difícil pensar em opções radicalmente diferentes num mundo em que a punição é tão disseminada e onde, provavelmente, seremos mal interpretados se não usarmos punição e outras formas coercitivas de comportamento parental. Pode ser muito útil participar de uma comunidade de apoio que entenda o conceito de criar filhos do modo como estou falando, uma comunidade que nos incentive a continuar agindo assim num mundo que quase nunca colabora.

Fui muito mais bem-sucedido em seguir esses passos quando estava recebendo muita empatia de uma comunidade de apoio – empatia pela dificuldade que enfrentamos às vezes como pai ou mãe e pela facilidade de recair nos antigos padrões. Quando havia outros pais que tentavam se conectar com os filhos como eu, era de grande ajuda conversar com eles – ouvir suas frustrações, fazer com que ouvissem as minhas. E notei que, quanto mais participava de uma comunidade dessas, mais capaz eu me tornava de manter esse processo com meus filhos, mesmo em condições difíceis.

Uma das coisas mais gratificantes que aconteceram – algo que foi muito estimulante e enriquecedor – foi uma mensagem que recebi da minha filha quando ela era bem pequena. Era manhã de domingo, única hora da semana em que eu conseguia relaxar, um momento preciosíssimo para mim. Naquela manhã de domingo específica, um casal me telefonou e perguntou se eu estava disposto a recebê-los para uma sessão de terapia. Estavam com uma crise no relacionamento e queriam que eu trabalhasse com eles. Concordei sem realmente olhar para dentro de mim, sem ver quais eram minhas necessidades e como me ressentia de sua invasão no meu momento de relaxamento. Enquanto estava com eles na sala, aconselhando-os, a campainha tocou e a polícia trouxe uma moça para que eu falasse com ela. Eu também a vinha orientando e eles a tinham encontrado nos trilhos da ferrovia. Era o jeito dela de me dizer que queria me ver. Era tímida demais para ligar e pedir uma consulta. Sentar-se nos trilhos do trem era seu jeito de me avisar que estava angustiada. Ela conhecia o horário dos trens melhor do que todo mundo na cidade e sabia que a polícia a levaria antes que um trem a pegasse.

A polícia foi embora, e lá estava eu com essa moça chorando na cozinha e o casal na sala. Eu ia de um lado para outro, tentando aconselhar todos amorosamente. Enquanto fazia isso olhando o relógio, torcendo para depois ter algum tempo só para mim, as três crianças no andar de cima começaram a brigar. Então subi correndo a escada e descobri algo fascinante. Talvez escreva isso num artigo científico algum dia: o efeito da altitude sobre o comportamento maníaco. Afinal, vejam, lá embaixo eu era uma pessoa muito amorosa, dando amor ao casal, dando amor à moça na cozinha, mas, um lance de escada acima, eu virei um maníaco. Disse a meus filhos:

– Qual é o problema com vocês? Não estão vendo que estou com pessoas sofrendo lá embaixo? Agora, vão para o quarto!

E cada um foi para seu quarto e cada um bateu a porta com barulho apenas suficiente para eu não conseguir provar que tinham batido de propósito. Com a primeira batida, fiquei enraivecido; com a segunda, mais enraivecido ainda. Felizmente, a terceira batida, não sei por quê, me ajudou a ver humor na situação. Como era fácil para mim ser amoroso com aquelas pessoas lá embaixo, mas com que rapidez ficava violento com minha própria família no andar de cima!

Respirei fundo e entrei no quarto do meu filho mais velho. Disse-lhe que estava triste por descarregar nele sentimentos que temia na verdade sentir pelas pessoas lá embaixo. Ele entendeu e só disse:

– Tudo bem, pai. Não foi nada.

Entrei no quarto do caçula e recebi dele uma resposta bem parecida. Quando entrei no quarto de minha filha e lhe disse que estava triste pela maneira como falara com ela, ela se aproximou, descansou a cabeça em meu ombro e disse:

– Tudo bem, pai. Ninguém é perfeito.

Que mensagem preciosa de ouvir. Sim, meus filhos apreciam meu esforço para me relacionar com eles de maneira carinhosa, compassiva e empática. O que me alivia é que conseguem entender minha humanidade e perceber como às vezes é difícil.

Assim, para encerrar, ofereço a avaliação reconfortante que minha filha me deu: ninguém é perfeito. Lembrem-se: qualquer coisa que valha a pena fazer, vale a pena fazer malfeito. E é claro que vale muito a pena criar filhos, mas às vezes vamos fazer malfeito. Se formos cruéis com nós mesmos quando não formos pais perfeitos, nossos filhos sofrerão com isso.

Costumo dizer aos pais com quem estou trabalhando que o inferno é ter filhos e achar que bons pais existem. Se toda vez que formos menos do que perfeitos nos culparmos e nos atacarmos, nossos filhos não vão se beneficiar. Assim, a meta que sugiro não é sermos pais perfeitos; mas, sim, aos poucos, nos tornarmos pais menos burros, aprendendo toda vez que não formos capazes de dar a nossos filhos a qualidade de compreensão de que necessitam ou que não formos capazes de nos expressar com franqueza. Na minha experiência, cada uma dessas situações costuma significar que não estamos obtendo o apoio emocional de que necessitamos como pais para dar a nossos filhos o que precisam.

Só podemos doar de maneira amorosa de verdade na medida em que recebemos amor e compreensão semelhantes. É por isso que recomendo enfaticamente que procuremos um modo de criar uma comunidade de apoio entre amigos e pessoas que possam nos dar a compreensão de que necessitamos estar presentes junto a nossas crianças de um modo que seja bom para elas e bom para nós.

Espero que algo do que eu disse aqui tenha ajudado você a chegar mais perto de ser o pai ou a mãe que gostaria de ser.

6

Espiritualidade prática

Reflexões sobre a base espiritual da Comunicação Não Violenta

Toda vez que falo sobre minhas crenças mais profundas – espiritualidade, conceitos sobre Deus, visões do amor –, dois temas aparecem: (1) a maior alegria vem de nos conectarmos à vida contribuindo para o próprio bem-estar e o dos outros; e (2) espiritualidade e amor têm mais a ver com o que fazemos do que com o que sentimos.

Frequentemente me perguntam como cheguei a esse posicionamento, como me relaciono com as crenças religiosas dos outros e o que minhas opiniões significam para a prática da CNV. O que segue são trechos das minhas respostas verbais não roteirizadas a perguntas de participantes de workshops e entrevistadores sobre temas como espiritualidade, o conceito do Divino, a base espiritual da CNV e a aplicação dos valores da CNV na mudança social.

P: COMO NOS CONECTAMOS COM O DIVINO POR MEIO DA COMUNICAÇÃO NÃO VIOLENTA?
R: Acho importante que as pessoas vejam que a espiritualidade está na base da Comunicação Não Violenta e que aprendam a mecânica do processo da CNV com isso em mente. De fato, ela é uma prática espiritual que estou tentando apresentar como um estilo de vida. Muito embora não façamos questão de mencionar, as pessoas são seduzidas pela prática. Mesmo que exercitem a CNV como uma técnica mecânica, começam a vivenciar coisas

entre si e os outros que não experimentavam antes. Até que chegam à questão da espiritualidade do processo. Começam a ver que é mais do que um processo de comunicação e percebem que, na verdade, é uma tentativa de manifestar nossa espiritualidade. Tentei integrar a espiritualidade à prática da CNV de um modo que satisfaça minha necessidade de não destruir sua beleza com uma filosofia abstrata.

O tipo de mundo onde eu gostaria de viver exigirá algumas mudanças sociais muito significativas, mas as mudanças que eu gostaria de ver provavelmente não acontecerão a menos que as pessoas que lutarem por elas fluam em uma espiritualidade diferente da que levou à situação difícil em que estamos agora. Assim, nosso treinamento foi pensado para ajudar as pessoas a terem certeza de que a espiritualidade que as guia seja a que escolheram – não a que internalizaram a partir da cultura – e a avançarem para criar a mudança social a partir dela.

P: O QUE "DEUS" SIGNIFICA PARA VOCÊ?
R: Preciso de um jeito de pensar em Deus que funcione para mim – outras palavras ou formas de olhar essa beleza, essa energia poderosa. Assim, meu nome para Deus é *Amada Energia Divina*. Por um tempo, foi só *Energia Divina*. Mas, quando li alguns poetas e textos religiosos orientais, adorei que tivessem uma conexão pessoal e amorosa com essa energia. E descobri que melhorava minha vida chamá-la de Amada Energia Divina. Para mim, essa Amada Energia Divina é vida, conexão com a vida.

P: QUAL É SEU MODO FAVORITO DE CONHECER A AMADA ENERGIA DIVINA?
R: É o modo como me conecto com os seres humanos. Conheço a Amada Energia Divina quando me conecto com os outros de um determinado jeito. Não só vejo a Energia Divina como saboreio, sinto e sou Energia Divina. Estou conectado com a Amada Energia Divina quando me conecto com os seres humanos dessa maneira. Então Deus fica muito vivo para mim.

P: QUAIS CRENÇAS, ENSINAMENTOS OU TEXTOS RELIGIOSOS TIVERAM MAIS INFLUÊNCIA SOBRE VOCÊ?
R: Para mim, é difícil dizer qual das várias religiões do planeta teve mais impacto sobre mim. Provavelmente o budismo, nas outras também. Gosto muito do que entendo a partir do que disseram o Buda ou as pessoas que

o citaram. Por exemplo, ele deixa muito claro: não se vicie em suas estratégias, seus pedidos ou seus desejos. Essa é uma parte importantíssima do nosso treinamento: não confundir necessidades humanas reais com o modo como fomos educados a atendê-las. Portanto, tome cuidado para não confundir estratégias com necessidades. Não precisamos de um carro novo, por exemplo. Alguns podem escolher o carro novo como estratégia para satisfazer a necessidade de confiabilidade ou paz de espírito, mas é preciso ficar de olho, porque a sociedade pode nos levar a pensar que é do carro novo que realmente necessitamos. Essa parte do nosso treinamento está em harmonia com meu entendimento do Buda.

Quase todas as religiões e mitologias que estudei transmitem uma mensagem muito parecida com a que o mitólogo Joseph Campbell resume em uma de suas obras: *Não faça nada que não seja brincadeira*. E por "brincadeira" está falando em contribuir de boa vontade para a vida. Portanto, não faça nada para evitar punição, não faça nada por recompensa, não faça nada por culpa, vergonha ou pelos conceitos cruéis de dever e obrigação. O que você faz será brincadeira quando perceber como isso enriquece a vida. Recebo essa mensagem não só a partir de meu entendimento do Buda, mas também do que aprendi sobre o islã, o cristianismo e o judaísmo. Acho que é uma linguagem natural. Faça o que contribui para a vida.

P: A INFLUÊNCIA DA RELIGIÃO E DA ESPIRITUALIDADE NÃO PROMOVE PASSIVIDADE OU UM EFEITO DE "ÓPIO DAS MASSAS"?
R: Sou muito desconfiado de qualquer espiritualidade que nos permita ficar confortavelmente no mundo e dizer: "Mas estou ajudando o mundo. Basta a energia que vem de mim para criar mudança social." Prefiro confiar numa espiritualidade que leve as pessoas a avançar e transformar o mundo, que elas não fiquem só ali, sentadas, com essa linda imagem de irradiar energia. Quero ver essa energia refletida em ações quando as pessoas vão e fazem as coisas acontecerem. É algo que você faz, uma espiritualidade prática.

P: ENTÃO A COMUNICAÇÃO NÃO VIOLENTA EVOLUIU EM PARTE DE ORIGENS ESPIRITUAIS?
R: A Comunicação Não Violenta evoluiu a partir da minha tentativa de tomar consciência da Amada Energia Divina e de me conectar com ela. Eu estava insatisfeito com as informações do campo da psicologia clínica que

eu tinha escolhido, porque era e é baseado em patologias e eu não gostava dessa linguagem. Ela não me dava uma visão da beleza dos seres humanos. Assim, depois que me formei, decidir ir mais na direção de Carl Rogers e Abraham Maslow.

Decidi me fazer perguntas assustadoras: "O que somos e o que deveríamos ser?" Descobri que havia pouquíssima coisa escrita sobre isso na psicologia. E fiz um curso intensivo de religião comparada, porque vi que tratava mais dessa questão. E a palavra *amor* não parava de aparecer.

Eu costumava ouvir a palavra *amor* como muita gente a usa: num sentido religioso, como "Você deveria amar a todos". Costumava ficar muito aborrecido com essa palavra. "Ah, claro, tenho que amar Hitler?" Então tentei entender melhor o que significa amor, porque podia ver que essa palavra tinha muita importância para milhões de pessoas em todas aquelas religiões. O que é e como "praticar" esse "amor"?

A Comunicação Não Violenta realmente surgiu a partir da minha tentativa de entender esse conceito de amor e de como manifestá-lo, como praticá-lo. Cheguei à conclusão de que amor não era só algo que sentimos, mas algo que manifestamos, algo que fazemos, algo que temos. E o que é essa manifestação? É nos doarmos de uma determinada maneira.

P: O QUE QUER DIZER COM "NOS DOARMOS"?
R: Para mim, nos doarmos significa uma expressão franca do que está vivo em nós neste momento. Fico curioso porque, em todas as culturas, as pessoas perguntam ao se saudarem: "Como vai?" Em inglês, dizem: *How are you?* Em espanhol: *¿Cómo estás?* Em francês: *Comment allez-vous?* Em alemão: *Wie geht es dir?* Dizemos isso como um ritual social, mas é uma pergunta importantíssima, porque, se quisermos viver em paz e harmonia, se quisermos contribuir para o bem-estar uns dos outros, precisamos saber o que está vivo uns nos outros. É uma pergunta muito importante. Que dádiva ser capaz de saber, a qualquer momento, o que está vivo em alguém.

Fazer de si uma dádiva é uma manifestação de amor. É uma dádiva quando você se revela de maneira transparente e franca, a qualquer momento, com o único propósito de mostrar o que está vivo em você. Não para culpar, criticar nem punir. Só: "Aqui estou e eis o que eu gostaria. Esta é minha vulnerabilidade neste momento." Para mim, essa é uma forma de manifestar amor.

A outra maneira de nos doarmos é pelo modo como recebemos a mensagem do outro. Recebê-la com empatia, conectando-se com o que está vivo nessa pessoa, sem fazer julgamentos. Apenas ouvir o que está vivo no outro e o que essa pessoa gostaria.

Assim, a Comunicação Não Violenta é apenas uma manifestação do que entendo por amor. Dessa maneira, é parecida com os conceitos judaico-cristãos de "Ama o próximo como a ti mesmo" e "Não julgueis para não serdes julgados".

P: ENTÃO A COMUNICAÇÃO NÃO VIOLENTA VEIO DO SEU DESEJO DE MANIFESTAR AMOR?
R: Também fui ajudado pela pesquisa empírica em psicologia, que definiu as características dos relacionamentos saudáveis, e pelo estudo de pessoas que eram manifestações vivas de amor aos outros. A partir dessas fontes, montei um processo que me ajudava a me conectar com as pessoas de um jeito que consegui entender como amoroso.

Então vi o que acontecia quando me relacionava com os outros assim. Essa beleza, esse poder, me conectava com uma energia que escolhi chamar de Amada Energia Divina. Assim, a Comunicação Não Violenta me ajuda a me manter em contato com essa bela Energia Divina dentro de mim e a me conectar a ela nos outros. E, sem dúvida, quando conecto essa Energia Divina dentro de mim com a Energia Divina dos outros, o que acontece é a coisa mais próxima de saber o que é estar conectado com Deus.

Isso ajuda a lembrar que um propósito básico da Comunicação Não Violenta é se conectar com os outros – e, portanto, com a Energia Divina – de maneira a possibilitar a doação compassiva. É doar de boa vontade o que vem do coração, prestar serviço a nós e aos outros não por dever ou obrigação, não por medo de punição ou expectativa de recompensa, não por culpa ou vergonha, mas pelo que considero nossa natureza: gostar de nos doar uns aos outros. Na Comunicação Não Violenta, nos esforçamos para nos conectar entre nós de modo a permitir que essa nossa natureza se revele.

Quando digo que penso que nossa natureza é gostar de doar, alguns podem achar que sou meio ingênuo e não tenho ideia de toda a violência no mundo. Como consigo achar que nossa natureza é gostar da doação compassiva com tudo que está acontecendo? Infelizmente, vejo a violência. Trabalho em lugares como Ruanda, Israel, Palestina e Sri Lanka e tenho bastante consciência dela. Mas não acho que seja essa a nossa natureza.

Em todo lugar onde trabalho, peço o seguinte: "Pense em algo que você fez nas últimas 24 horas que, de algum modo, contribuiu para tornar mais maravilhosa a vida de alguém." E, quando eles recordam alguma coisa, digo: "Agora, como se sente quando tem consciência de que esse ato contribuiu para tornar a vida de alguém mais maravilhosa?" Todos sorriem. Quando percebemos o poder que temos de enriquecer a vida, é prazeroso – é prazeroso servir à vida.

Então pergunto: "Alguém consegue pensar em algo que seja mais satisfatório na vida do que empregar nossos esforços dessa maneira?" E já fiz essa pergunta em todo o planeta, e todos parecem concordar. Não há nada que seja melhor, nada que seja mais prazeroso, nada que seja mais agradável do que usar nossos esforços a serviço da vida, contribuindo para o bem-estar uns dos outros.

P: COMO PREVENIR QUE O EGO INTERFIRA EM SUA CONEXÃO COM DEUS?
R: Vendo que o ego está intimamente ligado ao modo como minha cultura me treinou a pensar e a me comunicar. E que a cultura também me treinou para atender às minhas necessidades de determinada maneira, confundindo minhas necessidades com as estratégias que posso usar para atendê-las. Assim, tento me manter consciente desses três modos em que fui programado pela cultura para fazer coisas que realmente não são do meu interesse, para atuar mais a partir do ego do que de minha conexão com a Energia Divina. Tentei aprender formas de me treinar para me tornar consciente desse pensamento culturalmente adquirido e as incorporei à Comunicação Não Violenta.

P: ENTÃO VOCÊ ACREDITA QUE A LINGUAGEM DA NOSSA CULTURA NOS IMPEDE DE CONHECER MAIS INTIMAMENTE NOSSA ENERGIA DIVINA?
R: Ah, claro, sem dúvida. Acho que nossa linguagem torna isso dificílimo, sobretudo a linguagem que nos é oferecida pelo condicionamento cultural que a maioria sofre e as associações que a palavra Deus provoca em muita gente. O pensamento julgador ou de certo/errado é uma das coisas mais difíceis de superar que já encontrei ensinando a Comunicação Não Violenta em todos esses anos. Todas as pessoas com quem trabalho frequentaram escolas e igrejas e, quando gostam da CNV, é muito fácil para elas dizer que é o "jeito certo" de se comunicar. É facílimo pensar que a CNV é a meta.

Adaptei uma parábola budista relacionada a essa questão. Imagine um lugar lindo, impecável e sagrado. E imagine que você pudesse conhecer Deus se estivesse aí. Mas digamos que haja um rio entre você e esse local e que você queira ir até lá mas que, para isso, tenha que atravessar o rio. Então você arranja uma jangada, e essa jangada é uma ferramenta realmente prática para atravessar o rio. Depois de fazê-lo, você pode caminhar os vários quilômetros até esse lindo lugar. A parábola budista termina dizendo que "é tolo quem segue até o lugar sagrado levando a jangada nas costas".

A Comunicação Não Violenta é uma ferramenta para superar meu treinamento cultural, de modo que eu possa chegar ao lugar. A CNV não é o lugar. Se ficarmos viciados na jangada, apegados à jangada, será mais difícil chegar lá. Às vezes, as pessoas que acabaram de aprender o processo esquecem tudo sobre o lugar. Se ficarem trancadas demais dentro da jangada, o processo se torna mecânico.

A Comunicação Não Violenta é uma das ferramentas mais poderosas que encontrei para me conectar com pessoas de maneira a nos ajudar a fazer a conexão com o Divino, de modo que o que fazemos um ao outro venha da Energia Divina. Esse é o lugar aonde quero ir.

P: ESSA É A BASE ESPIRITUAL DA COMUNICAÇÃO NÃO VIOLENTA?
R: Para mim, a base espiritual é que estou tentando me conectar com a Energia Divina nos outros e conectá-los com o Divino em mim, porque acredito que, quando estamos realmente ligados a essa divindade dentro de cada um de nós, contribuir para o bem-estar uns dos outros dá mais prazer do que tudo. Assim, para mim, se estivermos conectados com o Divino nos outros e em nós, vamos ter prazer com o que acontece, e essa é a base espiritual. Nesse lugar, é impossível haver violência.

P: ESSA FALTA DE CONEXÃO COM A ENERGIA DIVINA É RESPONSÁVEL PELA VIOLÊNCIA NO MUNDO?
R: Eu colocaria da seguinte forma: acho que recebemos a dádiva da escolha. Podemos criar o mundo que preferirmos. E recebemos esse mundo grande e abundante para criar um mundo de alegria e cuidado. Para mim, a violência surge no mundo quando nos alienamos ou nos desligamos dessa Energia Divina.

Como nos conectar quando fomos ensinados a ser desconectados?

Acredito que nossa educação e nosso condicionamento cultural é que nos desconectam de Deus, principalmente o que aprendemos *sobre* Deus. E acredito que *a violência vem da maneira como fomos educados, não de nossa natureza*. De acordo com o teólogo Walter Wink, fomos educados, durante cerca de 8 mil anos, de um modo que torna a violência agradável, que nos desconecta de nossa natureza compassiva.

E por que fomos ensinados assim? É uma longa história e não vou entrar em detalhes, a não ser para dizer que começou com os mitos que se desenvolveram há muito tempo sobre a natureza humana – mitos de que os seres humanos eram basicamente maus e egoístas e que a boa vida só tem a ver com forças heroicas que esmagam as forças do mal. Wink escreveu que as culturas de dominação usam determinados ensinamentos sobre Deus para manter a opressão. É por isso que muitas vezes reis e sacerdotes estiveram intimamente relacionados. Os reis precisavam dos sacerdotes para justificar a opressão, para interpretar os livros sagrados de maneira a justificar punição, dominação e assim por diante.

Portanto, vivemos muito tempo sob uma mitologia destrutiva, e essa mitologia destrutiva exige uma determinada linguagem. Exige uma linguagem que desumanize as pessoas, que as transforme em objetos. Aprendemos a pensar a partir de julgamentos moralistas uns dos outros. Temos em nossa consciência palavras como *certo, errado, bom, mau, egoísta, altruísta, terrorista, combatente pela liberdade*. E, ligado a elas, está o conceito de justiça baseado em *merecimento* – que, se fizer uma dessas coisas ruins, você merece ser punido. Se fizer as coisas boas, merece ser recompensado.

Infelizmente, durante cerca de 8 mil anos fomos submetidos a essa consciência. Acho que esse é o núcleo da violência em nosso planeta: a educação defeituosa. O processo da Comunicação Não Violenta é uma integração de pensamento, linguagem e comunicação que acho que nos aproxima mais de nossa natureza. Ele nos ajuda a nos conectarmos uns com os outros, para voltarmos ao que, realmente, é o jeito divertido de viver que contribui para o bem-estar de todos.

P: COMO SUPERAR ESSE CONDICIONAMENTO?
R: Costumo estar entre pessoas muito sofridas. Lembro-me de trabalhar com 20 sérvios e 20 croatas. Algumas pessoas ali tiveram familiares mortos pelo outro lado e todos tinham anos de veneno na mente a respeito do outro

lado. Eles passaram três dias expressando sua raiva e dor uns aos outros. Felizmente, ficamos sete dias lá.

Uma palavra que ainda não usei ao falar sobre o poder da CNV é *inevitabilidade*. Assim, vi muitas vezes que, não importa o que aconteceu, se as pessoas se conectarem dessa maneira específica, é inevitável que terminem gostando de se doar umas às outras. É *inevitável*. Para mim, meu trabalho é como assistir a um espetáculo de mágica. É bonito demais para descrever em palavras.

Só que às vezes essa Energia Divina não funciona tão depressa quanto acho que deveria. Eu me lembro de ficar ali sentado no meio de toda aquela raiva e dor e pensar: "Energia Divina, se pode curar toda essa coisa, por que demora tanto tempo, por que faz essa gente passar por isso?" E a Energia falou comigo assim: "Faça o que puder para se conectar. Ponha sua energia no meio. Conecte-se e ajude os outros a se conectarem que cuido do resto." Mas, embora isso acontecesse numa parte de meu cérebro, eu sabia que a alegria era inevitável se conseguíssemos simplesmente nos conectar com nossa Energia Divina e a dos outros.

E aconteceu. Aconteceu com grande beleza. No último dia, todos falavam sobre alegria. Muitos disseram: "Sabe, achei que nunca sentiria alegria de novo depois do que passamos." Esse era o tema na boca de todos. Naquela noite, os 20 sérvios e os 20 croatas, que sete dias antes só sentiam uma dor inimaginável uns em relação aos outros, dançaram as danças uns dos outros, cantaram as músicas uns dos outros e comemoraram juntos a alegria da vida.

P: CONSEGUIMOS ESSA CONEXÃO ENTRE NÓS CONHECENDO DEUS?
R: Quero ficar longe de intelectualizar Deus. Se com "conhecendo Deus" pretendemos significar essa conexão íntima com a Amada Energia Divina, então ganhamos cada segundo como se vivêssemos no paraíso.

O paraíso que ganho por conhecer Deus é essa inevitabilidade, saber que é inevitável – que, não importa o inferno que aconteça, se chegarmos a esse nível de conexão entre nós, se entrarmos em contato com a Energia Divina uns dos outros, é inevitável que gostemos de nos doar e queiramos retribuir a vida. Passei por coisas tão feias com os outros que não me preocupo mais com isso. É inevitável. Se conseguirmos essa qualidade de conexão, gostaremos do ponto aonde ela nos leva.

O que me espanta é como isso é eficaz. Posso lhe contar exemplos semelhantes entre extremistas políticos e religiosos israelenses e palestinos, entre os hutus e os tútsis, entre as tribos cristãs e muçulmanas da Nigéria. Com todos eles, espanta-me como foi fácil provocar essa reconciliação e essa cura.

Mais uma vez, só precisamos deixar que ambos os lados se conectem com as necessidades dos outros. Para mim, as necessidades são a maneira mais rápida e íntima de entrar em conexão com essa Energia Divina. Todos têm as mesmas necessidades. As necessidades existem porque estamos vivos.

P: COMO EXATAMENTE ALCANÇAR ESSA CONEXÃO COM A ENERGIA DIVINA E COM OS OUTROS?
R: Há duas partes básicas nesse processo. A primeira é aprender a nos expressar numa linguagem de vida. A outra metade do processo é saber como responder às mensagens dos outros. Na Comunicação Não Violenta, tentamos nos concentrar em responder a duas perguntas fundamentais: *O que está vivo em nós?* e *O que podemos fazer para tornar a vida mais maravilhosa?*.

A primeira pergunta, "O que está vivo em mim e o que está vivo em você?", é aquela que, no planeta todo, as pessoas se fazem quando se encontram: "Como vai?"

Infelizmente, embora a maioria faça essa pergunta, pouquíssima gente realmente sabe respondê-la bem, porque não fomos educados numa linguagem de vida. A verdade é que não nos ensinaram a responder a essa pergunta. Nós a fazemos, sim, mas não sabemos responder. Como veremos, a Comunicação Não Violenta sugere como fazer os outros saberem o que está vivo em nós. Ela nos mostra como nos conectar com o que está vivo nos outros, mesmo que eles não tenham palavras para dizer.

P: COMO EXPRESSAR O QUE ESTÁ VIVO EM NÓS?
R: Expressar o que está vivo em nós exige três níveis de aprendizado. Em primeiro lugar, exige sermos capazes de responder à pergunta "O que está vivo em você?" sem incluir aí nenhuma avaliação. Isso é o que chamo de *observação*. O que as pessoas fazem que nos agrada ou não? Essa é uma informação importante a ser transmitida. Para dizer aos outros o que está vivo em nós, temos que informar à outra pessoa o que ela faz que sustenta a vida em nós *e* o que ela faz que não sustenta a vida em nós. Mas é muito

importante aprender a dizer isso aos outros sem incluir aí nenhuma avaliação. Portanto, esse é o primeiro passo para tentar exprimir aos outros o que está vivo em nós: ser capaz de chamar a atenção deles, concreta e especificamente, para o que a pessoa está fazendo que apreciamos ou não, sem fazer julgamentos.

Tendo em mente a observação do que essa pessoa faz, se é para usar a Comunicação Não Violenta, vamos querer ser francos com a pessoa a respeito disso. Mas é uma franqueza diferente de dizer aos outros o que há de errado neles; é a franqueza vinda do coração, não a franqueza que insinua que o outro está errado. Queremos ir lá dentro e mostrar à pessoa o que está vivo em nós quando ela age daquela maneira. E isso envolve as outras duas formas de aprendizado que precisamos: a dos sentimentos e a das necessidades. *Para dizer com clareza o que está vivo em nós a qualquer dado momento, temos que ser claros sobre como nos sentimos e o que necessitamos.* Então, começamos com os sentimentos.

Temos *sentimentos* a todo momento. O problema é que não aprendemos a ter consciência do que está vivo em nós. Nossa consciência foi direcionada para parecermos ser por fora o que a autoridade acha que somos. Há diversas maneiras de expressá-los, dependendo da cultura em que fomos criados, mas é importante ter um vocabulário de sentimentos que realmente descreva o que está vivo em nós e não inclua interpretações dos outros. Não queremos usar palavras como *mal-entendido*, porque isso não é um sentimento; é como analisamos o modo como o outro nos entendeu. Quando pensamos que alguém nos entendeu mal, podemos ficar com raiva, frustrados – uma série de coisas. Do mesmo modo, não queremos usar palavras como *manipulado* ou *criticado*. Elas não são o que chamamos de sentimento em nosso treinamento. Infelizmente, pouquíssimas pessoas têm um vocabulário de sentimentos, e muitas vezes em meu trabalho vejo o preço que pagam por isso.

Seus sentimentos são mesmo uma expressão do que está vivo em você? Tome cuidado para não ser um pensamento de diagnóstico sobre os outros. Entre em seu coração. Como se sente quando os outros fazem o que fazem?

Nota do editor: Veja o vocabulário completo de sentimentos e necessidades em Comunicação Não Violenta: técnicas para aprimorar relacionamentos pessoais, *de Marshall B. Rosenberg.*

P: VOCÊ SUGERE QUE SIMPLESMENTE DIZER AOS OUTROS COMO NOS SENTIMOS É O BASTANTE?

R: Não. Os sentimentos podem ser usados de forma destrutiva se tentarmos insinuar que o comportamento dos outros é a causa de nossos sentimentos. *A causa de nossos sentimentos são nossas necessidades, não o comportamento dos outros.* E esse é o terceiro componente para expressar o que está vivo em nós: *necessidades*. Conectar-se com o que está vivo em nós é conectar-se com nossa própria Energia Divina.

Quando eu tinha 6 anos, costumávamos dizer o seguinte quando alguém nos xingava: "Paus e pedras podem quebrar meus ossos, mas xingamentos nunca vão me machucar." Na época, percebíamos que *não é o que o outro faz que pode nos ferir; é como o recebemos*. Mas fomos educados por autoridades, pais e professores de um jeito que induz a culpa, pois usaram a culpa para nos mobilizar a fazer o que queriam. Eles expressavam os sentimentos assim: "Fico chateado quando você não arruma seu quarto", "Você me deixa zangado quando bate em seu irmão". Fomos educados por pessoas que tentavam nos responsabilizar por seus sentimentos para que nos sentíssemos culpados. Os sentimentos são importantes, mas não queremos usá-los dessa maneira – de modo a provocar culpa. É importantíssimo que, quando exprimirmos nossos sentimentos, façamos uma afirmação que deixe claro que *a causa de nossos sentimentos são nossas necessidades*.

P: O QUE IMPEDE AS PESSOAS DE DIZEREM SIMPLESMENTE O QUE NECESSITAM?

R: Assim como é difícil para muita gente desenvolver o aprendizado dos sentimentos, também é dificílimo para elas desenvolver o aprendizado das necessidades. Na verdade, muita gente faz associações muito negativas com as necessidades. Elas associam necessidades a carência, dependência, egoísmo. Mais uma vez, acho que isso vem de nossa história de educar as pessoas para se encaixarem bem em estruturas de dominação, para que sejam obedientes e submissas à autoridade. Quem está em contato com as próprias necessidades não é um bom escravo. Frequentei escolas por 21 anos e não consigo me lembrar de terem me perguntado alguma vez quais eram as minhas necessidades. E minha educação não se concentrou em me ajudar a ser mais vivo, a estar mais em contato comigo mesmo e com os outros. Ela se orientou para me recompensar por dar as respostas certas definidas pelas autoridades. Examine as palavras que você usa para descrever suas necessidades. As necessidades não contêm nenhuma referência a pessoas específicas e ações específicas. As necessidades são universais. Todos os seres humanos têm as mesmas necessidades.

Quando conseguimos nos conectar no nível das necessidades, quando vemos a humanidade uns dos outros, é espantoso como conseguimos solucionar conflitos que pareciam insolúveis. Lido muito com pessoas em conflito – maridos e esposas, pais e filhos, tribos. Muitas acham que têm um conflito que não pode ser resolvido. E tem sido espantoso para mim, nos anos em que trabalho com mediação e solução de conflitos, o que ocorre quando conseguimos que as pessoas superem seus diagnósticos umas das outras e se conectem ao que acontece umas com as outras no nível das necessidades – e como fica parecendo que os confrontos até então impossíveis de resolver quase se solucionam sozinhos.

P: ENTÃO, O QUE VEM DEPOIS DE SENTIMENTOS E NECESSIDADES?
R: Expressamos as três informações necessárias para responder à pergunta "O que está vivo em nós?". Exprimimos o que estamos observando, o que estamos sentindo e as necessidades que estão ligadas a nossos sentimentos.

Isso nos leva à *segunda pergunta*, que está relacionada à primeira: "O que podemos fazer para tornar a vida mais maravilhosa?" O que você pode fazer para tornar a vida mais maravilhosa para mim? O que posso fazer para tornar a vida mais maravilhosa para você? Essa é a outra metade de se conectar com a Energia Divina em nós: como fazer a conexão empática com o que está vivo na outra pessoa para tornar a vida mais maravilhosa para ela.

Vou lhe dizer o que entendo por conexão empática. É claro que empatia é um tipo especial de entendimento. Não é um entendimento racional, em que apenas compreendemos intelectualmente o que o outro diz. É algo muito mais profundo e precioso do que isso. A conexão empática é um entendimento do coração em que vemos a beleza que há na outra pessoa, a Energia Divina e a vida que está viva no outro. E nos conectamos com isso. Não entendemos intelectualmente; nos conectamos com isso.

Isso não significa que tenhamos os mesmos sentimentos da outra pessoa. Isso é piedade – quando ficamos tristes, talvez porque o outro esteja angustiado. Não significa partilhar os mesmos sentimentos; significa estar *com* a outra pessoa.

Essa qualidade de compreensão exige uma das dádivas mais preciosas que um ser humano pode dar a outro: nossa presença no momento. Se estivermos tentando entender intelectualmente os outros, não estaremos presentes com eles nesse momento. Estaremos analisando-os, mas não ali com eles. Assim, a conexão empática envolve *conectar-se com o que está vivo na outra pessoa agora*.

P: O QUE NOS IMPEDE DE NOS CONECTARMOS COM A VIDA UNS DOS OUTROS?
R: Fomos educados para pensar que há algo errado conosco. Minha sugestão é que você não deve nunca, nunca, nunca ouvir o que os outros pensam de você. Acredito que viverá mais e aproveitará mais a vida se nunca ouvir o que os outros pensam a seu respeito. Nunca leve as coisas para o lado pessoal. A recomendação que tenho é aprender a nos conectarmos empaticamente com qualquer mensagem que recebermos de outras pessoas. E a Comunicação Não Violenta nos mostra um modo de fazer isso. Ela nos mostra um modo de ver a beleza na outra pessoa a qualquer dado momento, seja qual for o comportamento ou a linguagem dela. Isso exige conectar-se com os sentimentos e as necessidades da outra pessoa no momento, com o que está vivo nela. Quando fazemos isso, ouvimos na outra pessoa uma música muito linda.

Eu estava trabalhando com crianças de 12 anos numa escola do estado de Washington, mostrando-lhes como fazer a conexão empática com os outros. E elas queriam que eu mostrasse como poderiam lidar com pais e professores. Tinham medo de como seriam recebidas caso se abrissem e revelassem o que estava vivo nelas. Um dos alunos disse: "Marshall, fui franco com uma das professoras. Disse que não entendi e pedi que ela explicasse de novo. E ela disse: 'Está surdo? Já expliquei duas vezes.'"

Outro garoto disse: "Ontem pedi uma coisa a meu pai. Tentei lhe expressar minhas necessidades, e ele disse: 'Você é a criança mais egoísta da família.'"

Eles estavam muito ansiosos para que eu lhes ensinasse como se conectar empaticamente com as pessoas de sua vida que usam esse tipo de linguagem, porque eles só sabiam levar isso para o lado pessoal e pensar que havia algo errado com eles. Mostrei aos alunos que, quando a gente aprende a se conectar empaticamente com os outros, sempre ouve neles uma linda canção que expressa suas necessidades. É o que você ouvirá por trás de toda mensagem que lhe chegar de outro ser humano caso se conecte com a Energia Divina daquela pessoa naquele momento.

P: PODE DAR UM EXEMPLO DE COMO FAZER UMA CONEXÃO EMPÁTICA COM ALGUÉM?
R: Comece dizendo a ele o que fizeram, como se sente, qual necessidade sua não está sendo atendida. Então, o que é possível ser feito para tornar a vida mais maravilhosa? Isso assume a forma de um pedido claro. Precisamos pedir o que gostaríamos que fizessem para tornar a vida mais maravilhosa para nós. Já lhes confessamos a dor que sentimos em relação a seu comportamento e que necessidades nossas não estão sendo atendidas. Agora vamos dizer o que gostaríamos que fizessem para tornar a vida mais maravilhosa para nós.

A Comunicação Não Violenta sugere que façamos nosso pedido usando a linguagem da ação positiva. Vou explicar o que quero dizer: *positiva* no sentido do que você quer que façam, em contraste com o que você não quer ou com o que deseja que parem de fazer. Chegamos a um lugar diferente com as pessoas quando somos claros sobre o que queremos em vez de apenas lhes dizer o que não queremos.

Um bom exemplo disso foi uma professora num workshop recente, que falou:

– Ah, Marshall, você acabou de me ajudar a entender o que me aconteceu ontem.

– O que foi? – perguntei.

– Havia um garoto batucando no livro enquanto eu falava com a turma. E eu disse: "Por favor, pare de batucar no livro." Então ele começou a batucar na carteira.

Veja, dizer às pessoas o que não queremos é muito diferente de lhes dizer o que queremos. Quando tentamos fazer alguém parar alguma coisa, parece que a punição seria uma estratégia eficaz. Mas, se nos fizermos duas perguntas, nunca mais usaremos punição. Nunca a usaríamos com crianças; criaríamos um sistema jurídico, um sistema correcional, que não puniria criminosos pelo que fizeram; e não tentaríamos punir outros países pelo que fazem conosco. A punição é um jogo perdido.

Como já mencionei, veríamos isso se fizéssemos duas perguntas. Pergunta número um: o que queremos que a outra pessoa faça? Veja, não é o que não queremos. O que *queremos que a outra pessoa faça*?

Mais uma vez, se só fizéssemos essa pergunta, talvez ainda parecesse que às vezes a punição funciona, porque provavelmente conseguimos nos lembrar de ocasiões em que usamos punição e tivemos sucesso ao levar alguém a fazer o que queríamos. Mas, se acrescentássemos uma segunda pergunta, veríamos que a punição nunca funciona. E qual é? *Que razões queremos que o outro tenha para fazer o que queremos que faça?*

O propósito da Comunicação Não Violenta é criar conexões para que as pessoas realizem as coisas umas para as outras por compaixão, por conexão com a Energia Divina, por servir à vida, não por medo de punição, não por expectativa de recompensa, mas graças à alegria natural que sentimos ao contribuir para o bem-estar uns dos outros. Portanto, quando fazemos nosso pedido, pretendemos que seja positivo: o que *queremos*.

P: COMO EXPRESSAR SUAS NECESSIDADES EM FORMA DE PEDIDOS SEM QUE SOEM COMO EXIGÊNCIAS?

R: Queremos fazer pedidos claros e afirmativos, mas desejamos que os outros saibam que são pedidos, e não exigências. Mas qual é a diferença? Primeiro, não dá para saber a diferença pela forma bem-educada de pedir. Portanto, se dissermos a alguém que mora conosco "Será que você poderia pendurar suas roupas quando as tirar?", isso é um pedido ou uma exigência? Ainda não sabemos. Nunca dá para saber se algo é um pedido ou uma exigência pela forma educada da frase nem por sua clareza. O que determina a diferença entre o pedido e a exigência é como tratamos a pessoa quando ela não faz o que pedimos. É isso que revela se fizemos pedidos ou exigências.

Agora, o que acontece quando as pessoas ouvem exigências? Bom, no caso de algumas pessoas fica bastante óbvio saber quando elas ouviram nosso pedido como exigência. Certa vez, pedi a meu filho mais novo: "Você poderia pendurar seu casaco no armário?" E ele respondeu: "Quem era seu escravo antes de eu nascer?" Tudo bem, é fácil estar perto de uma pessoa assim, porque, quando ela ouve nosso pedido como exigência, a gente sabe na mesma hora. Mas outras pessoas, ao ouvirem um pedido como exigência, reagem de maneira bem diferente. Dizem "Está bem", mas não fazem. O pior caso é quando a pessoa ouve a exigência, diz "Está bem" e faz. Mas faz porque ouviu uma exigência. Tem medo do que aconteceria com ela se não fizesse. Toda vez que alguém executa o que pedimos por culpa, vergonha, dever, obrigação, medo de punição, qualquer coisa que a pessoa faça por nós com essa energia custará caro para nós. Queremos que as pessoas só realizem algo por nós quando estiverem conectadas com aquele tipo de Energia Divina que existe em todo mundo. A Energia Divina se manifesta para mim pela alegria que sentimos ao nos doarmos uns aos outros. Não fazemos isso para evitar punição, culpa nem nada dessas coisas.

P: E A DISCIPLINA? O QUE VOCÊ SUGERE SOA COMO PERMISSIVIDADE.
R: Algumas pessoas não conseguem acreditar que é possível manter a ordem na casa e no governo se não forçarem os outros a fazer coisas, se não houver exigências. Por exemplo, uma mãe com quem eu estava trabalhando perguntou:

– Mas, Marshall, tudo muito bom, tudo muito bem, esperar que os outros reajam com a Energia Divina, mas e as crianças? Quer dizer, a criança primeiro precisa aprender o que *tem que* fazer, o que *deve* fazer.

Essa mãe usava palavras ou conceitos que considero os mais destrutivos do planeta hoje: *ter que* e *dever*. Ela não confiava que houvesse tanta Energia Divina nas crianças quanto nos adultos para que fizessem coisas não por temerem punição, mas por verem a alegria que vem de contribuir para o bem-estar dos outros. Respondi à mãe:

– Espero que hoje eu consiga lhe mostrar outras maneiras de apresentar as coisas a seus filhos que sejam mais próximas de um pedido. Eles veem suas necessidades. Não fazem porque acham que têm que fazer. Eles analisam a escolha e respondem com essa Energia Divina dentro deles.

– Todo dia faço montes de coisas que detesto fazer, mas há algumas coisas que a gente *tem que* fazer – retrucou ela.

– Pode me dar um exemplo?

– Tudo bem. Eis um exemplo. Quando sair daqui hoje à noite, terei que ir para casa cozinhar. Odeio cozinhar. Odeio com todas as forças, mas é uma daquelas coisas que a gente tem que fazer. Faço isso todo dia há 20 anos. Odeio, mas a gente tem que fazer certas coisas.

Veja, ela não cozinhava com a Energia Divina. Ela cozinhava com esse outro tipo de consciência. E eu lhe disse:

– Bom, espero que hoje eu consiga lhe mostrar um modo de pensar e de se comunicar que a ajude a voltar a ter contato com sua Energia Divina e a ter certeza de que você só age a partir dela. Então você poderá apresentar as coisas aos outros para que eles possam agir com essa energia.

Ela aprendeu depressa. Foi para casa naquela mesma noite e anunciou à família que não queria mais cozinhar. E recebi retorno da família. Umas três semanas depois, quem apareceu no treinamento foram seus dois filhos mais velhos. Eles chegaram antes do treinamento e me disseram:

– Queríamos lhe contar quanta mudança ocorreu em nossa família depois que nossa mãe veio ao seu workshop.

– Ah, sim – comentei. – Sabem, estou muito curioso. Ela me contou todas as mudanças que vem fazendo na vida, e sempre fico me perguntando como isso afeta os outros membros da família. Portanto, estou contente por vocês terem vindo hoje. Como foi naquela noite em que ela foi para casa e disse que não queria mais cozinhar?

O filho mais velho respondeu:

– Marshall, eu disse a mim mesmo: "Graças a Deus. Agora talvez ela não reclame tanto depois de cada refeição."

P: COMO POSSO SABER QUE ESTOU ME CONECTANDO COM O QUE ESTÁ VIVO EM OUTRA PESSOA?
R: Quando fazemos coisas que não vêm dessa Energia Divina em cada um de nós, essa Energia Divina que torna natural a doação compassiva, quando vêm de qualquer padrão culturalmente aprendido de fazer as coisas porque devemos ou temos que, por culpa, vergonha, dever, obrigação ou para ganhar recompensas, *todo mundo* paga por isso. A Comunicação Não Violenta quer que sejamos claros, que só respondamos quando nossa resposta vier dessa Energia Divina. E você saberá que vem quando estiver disposto a fazer o que foi pedido. Mesmo que dê muito trabalho, será alegre se seu único motivo for tornar a vida mais maravilhosa.

Quando juntamos tudo isso, fica assim: podemos começar um diálogo com outras pessoas lhes dizendo o que está vivo em nós e o que gostaríamos que fizessem para tornar a vida mais maravilhosa para nós. Então, não importa como respondam, tentamos nos conectar com o que está vivo nelas e o que tornaria a vida mais maravilhosa para elas. Mantemos esse fluxo de comunicação funcionando até encontrarmos estratégias para satisfazer as necessidades de todos, a fim de sempre ter certeza de que, sejam quais forem as estratégias com que concordem, as pessoas concordem livremente, pelo desejo sincero de contribuir para o bem-estar uns dos outros.

P: PODE DAR OUTRO EXEMPLO DE COMO VOCÊ USOU ESSE PROCESSO PARA SE CONECTAR COM OUTROS?

R: Eu estava trabalhando num campo de refugiados num país não muito amigo dos Estados Unidos. Havia umas 170 pessoas reunidas e, quando meu intérprete anunciou que eu era um cidadão americano, uma das pessoas ficou de pé e gritou para mim: "Assassino!" Naquele dia, fiquei contente de conhecer a Comunicação Não Violenta. Ela me possibilitou ver a beleza por trás da mensagem daquela pessoa, o que estava vivo e era humano nela. Fazemos isso na CNV ouvindo os sentimentos e as necessidades por trás de qualquer mensagem. Assim, eu disse àquele homem:

– O senhor está sentindo raiva porque sua necessidade de apoio não é satisfeita pelo meu país?

Isso exigiu que eu tentasse perceber o que ele sentia e necessitava. Eu poderia ter me enganado. Mas, mesmo que nos enganemos, quando tentamos nos conectar de verdade com a Energia Divina em outros seres humanos – seus sentimentos, suas necessidades no momento –, isso mostra a eles que, não importa como se comuniquem conosco, nos preocupamos com o que está vivo neles. E, quando uma pessoa confia nisso, conseguimos fazer uma conexão na qual a necessidade de todos possa ser atendida. Porém não foi rápido, porque aquele homem sentia muita dor.

No entanto, meu palpite estava certo, porque ele respondeu:

– Você está certíssimo. – E acrescentou: – Não temos saneamento básico. Não temos casa. Por que nos mandam suas armas?

– Então, senhor, se o ouvi direito, o senhor está dizendo que é muito doloroso quando precisa de coisas como saneamento básico e moradia e lhe mandam armas no lugar; é muito doloroso – respondi.

– É claro – retrucou ele. – Sabe o que é viver nessas condições durante 28 anos?

– O senhor está dizendo que é muito doloroso e que precisa de alguma compreensão das condições em que vive.

Uma hora depois, o homem me convidou para o jantar de Ramadã em sua casa.

É isso que acontece quando conseguimos nos conectar com o que está vivo em nós, com a humanidade um do outro, com os sentimentos e as necessidades por trás de qualquer mensagem. Isso não significa que sempre tenhamos que fazer isso em voz alta. Às vezes, é bem óbvio o que as pessoas estão sentindo e necessitando; não é preciso dizer. Elas sentem, em nosso olhar, se estamos realmente tentando nos conectar com elas.

Observe que isso não exige que concordemos com todo mundo. Não significa que precisamos gostar do que estão dizendo. Significa que lhes damos essa dádiva preciosa da nossa presença, de estar presentes nesse momento diante do que está vivo neles, e que estamos interessados nisso, sinceramente interessados – não como técnica psicológica, mas porque queremos nos conectar com a Energia Divina neles no momento.

P: O PROCESSO DE SE CONECTAR COM A ENERGIA DIVINA NOS OUTROS USANDO A CNV PARECE BASTANTE CLARO NO PAPEL, MAS NÃO É DIFÍCIL VIVER REALMENTE COM BASE NESSE PRINCÍPIO?

R: Praticamente todo mundo que estuda a Comunicação Não Violenta diz duas coisas. Primeiro, que é fácil – ou seja, que é simples. Apenas duas perguntas, e tudo que temos a fazer é manter a comunicação, o foco da atenção, a consciência no que está vivo em nós e no que tornaria a vida mais maravilhosa. Muito simples. A segunda observação que fazem é que é difícil. Agora, como algo pode ser tão simples e tão difícil ao mesmo tempo?

É difícil porque não nos ensinaram a pensar sobre o que está vivo em nós. Fomos educados para nos encaixar em estruturas nas quais poucas pessoas dominam muitas. E nos ensinaram a prestar mais atenção no que os outros – principalmente as autoridades – pensam de nós. Sabemos que, se nos julgarem maus, errados, incompetentes, burros, preguiçosos, egoístas seremos punidos. E se nos rotularem como jovens bons ou maus, funcionários bons ou maus, seremos recompensados ou punidos. Portanto, não fomos educados para pensar a partir do que está vivo em nós e do que tornaria a vida mais maravilhosa.

A Comunicação Não Violenta sugere que digamos às pessoas o que está vivo em nós em relação ao que estiverem fazendo. Queremos ser francos, mas sem usar nenhuma palavra que consista em imagens inimigas, incorreção, crítica, insultos e diagnósticos psicológicos.

Muitos acreditam que não é possível fazer isso com algumas pessoas. Acreditam que alguns estão tão feridos que não importa a comunicação usada, não se chega a esse ponto. Não tem sido essa a minha experiência. Apenas pode levar algum tempo. Como quando trabalho numa das várias penitenciárias do mundo. Não estou dizendo que essa conexão pode acontecer de imediato; talvez leve algum tempo para que as pessoas punidas por um crime de fato confiem que estou sinceramente interessado no que está vivo nelas. Às vezes não é fácil persistir nisso, porque meu próprio condicionamento cultural não me permitiu ser fluente nisso antes, e o aprendizado pode ser um verdadeiro desafio.

P: COMO VOCÊ FAZ INIMIGOS RECONHECEREM O DIVINO UM NO OUTRO?
R: Quando conseguimos fazer as pessoas se conectarem no nível da Energia Divina, é difícil manter essas imagens de "inimigo". Em sua pureza, a Comunicação Não Violenta é a maneira mais rápida e poderosa que encontrei de fazer as pessoas passarem de modos de pensar alienados da vida, em que querem se ferir mutuamente, à apreciação de se doarem umas às outras.

Quando pus frente a frente hutus e tútsis, cujas famílias tinham sido mortas uns pelos outros, é espantoso termos conseguido em duas ou três horas que cuidassem uns dos outros. É inevitável – *inevitável*. É por isso que uso essa abordagem.

Dada a dimensão do sofrimento ocorrido, fico espantado ao ver como é simples e como pode acontecer depressa. A Comunicação Não Violenta de fato cura rapidamente pessoas que experimentaram muita dor. Isso me motiva a querer que aconteça ainda mais depressa, porque, do jeito que fazemos hoje, com apenas algumas pessoas de cada vez, ainda leva tempo.

Como conseguir que isso seja feito mais depressa com os outros 800 mil hutus e tútsis que não foram ao nosso treinamento e com o restante do planeta? Eu gostaria de examinar o que aconteceria se fizéssemos filmes ou programas de televisão com esse processo, porque vi que, quando duas pessoas passam pelo processo com outras observando, há aprendizado, cura e reconciliação também na vida dos espectadores. Gostaria de explorar maneiras de usar os meios de comunicação para que massas de pessoas passassem rapidamente por esse processo, juntas.

P: ATÉ QUE PONTO NOSSA NECESSIDADE DE DOAR UM AO OUTRO É BÁSICA?
R: Acho que enriquecer a vida é uma das necessidades mais básicas e poderosas que todos temos. Outra maneira de dizer isso é que necessitamos agir a partir da Energia Divina dentro de nós. E acredito que, quando *somos* essa Energia Divina, não há nada de que gostemos mais – nada em

que encontremos mais alegria – do que enriquecer a vida, do que usar nosso imenso poder para enriquecê-la.

Por outro lado, sempre que procuramos satisfazer essa nossa necessidade de viver essa Energia Divina, de contribuir para a vida, também há outra demanda e um pedido que a acompanha. Temos necessidade de informação, e assim fazemos um pedido de retorno da pessoa cuja vida tentamos enriquecer. Queremos saber: "Minha intenção está sendo cumprida por minha ação? Minha tentativa de contribuir teve sucesso?"

Em nossa cultura, esse pedido é distorcido e pensamos que temos *necessidade* de que a outra pessoa nos ame pelo que fizemos, que aprecie o que realizamos, que nos aprove pelo que executamos. E isso distorce e estraga a beleza do processo como um todo. Não é da aprovação do outro que precisamos. Nossa verdadeira intenção é usar nossa energia para enriquecer a vida. Mas necessitamos do retorno. Como saber se meu esforço teve sucesso sem receber retorno?

E posso usar esse retorno para me ajudar a saber se estou fluindo na Energia Divina. Sei que estou quando sou capaz de valorizar tanto uma crítica quanto um agradecimento.

P: VOCÊ ENFRENTOU ALGUMA BARREIRA CULTURAL OU LINGUÍSTICA NESSE PROCESSO?
R: Fico espantado por terem sido poucas e pequenas. Quando comecei a ensinar esse processo em outra língua, realmente duvidei que isso pudesse ser feito. Lembro-me da primeira vez que fui à Europa; eu iria primeiro a Munique e depois a Genebra. Minha colega e eu nos questionávamos se conseguiríamos transmitir isso em outra língua. Ela falaria em francês e eu estaria lá para que ela me fizesse perguntas se algo acontecesse. Eu pelo menos tentaria ver se conseguíamos transmitir a ideia por meio dos intérpretes. Mas funcionou muito bem, sem nenhum problema, e acontece a mesma coisa em toda parte.

Portanto, eu simplesmente não me preocupo com isso. Falo em inglês, você traduz e funciona muito bem. Não consigo pensar em nenhuma cultura na qual tivéssemos tido algum problema afora pequenos detalhes, mas não com a essência. Além disso, repetidas vezes depois dos treinamentos, várias pessoas no mundo inteiro me dizem que, em essência, é isso que sua religião diz. É coisa antiga; elas sabem disso e ficam gratas por essa manifestação. Mas não é nada novo.

P: ACREDITA QUE UMA PRÁTICA ESPIRITUAL É IMPORTANTE PARA PRATICAR A NÃO VIOLÊNCIA?

R: Recomendo, em todas os workshops, que as pessoas reservem um tempo para se fazer a pergunta "Como escolho me conectar com outros seres humanos?" e ter a máxima consciência possível disso – com a certeza de que é uma opção delas, e não o modo como foram programadas para escolher. De verdade, de que modo você escolheria se conectar com outros seres humanos?

A gratidão também tem um papel importante para mim. Quando tenho consciência de uma atitude humana pela qual quero expressar gratidão, consciência de como me sinto quando ela ocorre – seja uma atitude minha, seja de outra pessoa, e qualquer que seja a necessidade minha que ela atenda –, então exprimir gratidão me enche da consciência do poder que nós, seres humanos, temos de enriquecer vidas. Isso me faz perceber que somos Energia Divina, que temos uma enorme capacidade de tornar a vida maravilhosa e que não há nada de que gostemos mais do que fazer exatamente isso.

Para mim, essa é uma prova potente de nossa Energia Divina, o fato de termos esse poder de tornar a vida tão maravilhosa e de não haver nada de que gostemos mais. É por isso que parte de minha prática espiritual é ter consciência da gratidão e expressá-la.

P: VOCÊ FOI INFLUENCIADO POR MOVIMENTOS DO PASSADO QUE TENTARAM COMBINAR ESPIRITUALIDADE E MUDANÇA SOCIAL, COMO OS DE GANDHI OU MARTIN LUTHER KING?

R: Bom, sem dúvida fui afetado por eles, porque estudei personagens históricos que colocaram em prática coisas que valorizo, e sem dúvida esses dois fizeram isso. O tipo de espiritualidade que prezo é aquele em que se tem grande alegria ao contribuir para a vida, não só sentando e meditando, embora sem dúvida a meditação seja valiosa. Mas, a partir da meditação, a partir da consciência resultante, gostaria de ver pessoas em ação, criando o mundo onde querem viver.

Leituras recomendadas

Comunicação não violenta: técnicas para aprimorar relacionamentos pessoais, de Marshall B. Rosenberg, Ph.D.

Speak Peace in a World of Conflict, de Marshall B. Rosenberg, Ph.D.

The Open and Closed Mind: Investigations into the Nature of Belief Systems and Personality Systems, de Milton Rokeach

The Powers That Be: Theology for a New Millennium, de Walter Wink

Spirit Matters, de Michael Lerner

A Spirituality of Resistance: Finding a Peaceful Heart and Protecting the Earth, de Roger S. Gottlieb

Sobre o Center for Nonviolent Communication

O Center for Nonviolent Communication (CNVC) é uma entidade internacional sem fins lucrativos que busca a promoção da paz com uma visão de mundo em que as necessidades de todos sejam atendidas pacificamente. O CNVC se dedica a apoiar a disseminação da Comunicação Não Violenta (CNV) no mundo inteiro.

Fundado em 1984 pelo Dr. Marshall B. Rosenberg, o CNVC vem contribuindo para uma imensa transformação social do pensamento, do discurso e da ação, mostrando a todos como se conectar de maneira a inspirar resultados compassivos. Hoje, a CNV é ensinada no mundo inteiro, em comunidades, escolas, prisões, centros de mediação, igrejas, empresas, conferências profissionais e muito mais. Mais de 200 treinadores certificados e centenas de outros instrutores ensinam a CNV a cerca de 150 mil pessoas por ano em 35 países.

O CNVC acredita que o treinamento em CNV é um passo fundamental para continuar construindo uma sociedade pacífica e compassiva. Sua doação com isenção tributária ajudará o CNVC a continuar oferecendo treinamento em alguns dos lugares mais violentos e pobres do mundo. Também apoiará o desenvolvimento e a continuação de projetos voltados a levar o treinamento em CNV a populações e regiões geográficas muito carentes.

Para fazer uma doação ou saber mais sobre os valiosos recursos descritos a seguir, visite o site do CNVC: cnvc.org.

- **Treinamento e certificação:** Encontre oportunidades de treinamento locais, nacionais e internacionais; obtenha informações sobre a certi-

ficação de treinadores; entre em contato com comunidades e treinadores locais de CNV.
- **Livraria do CNVC:** Encontre informações sobre compras a distância de uma seleção completa de livros, folhetos e materiais em áudio e vídeo sobre CNV.
- **Projetos do CNVC:** Sete projetos temáticos e regionais oferecem foco e liderança para ensinar CNV numa situação ou região específica.
- **Grupos de e-mail e LISTSERVS™:** Entre num de nossos vários grupos moderadores sobre a CNV e fóruns de LISTSERV desenvolvidos para dar apoio ao aprendizado individual e ao crescimento contínuo da CNV no mundo inteiro.

Para mais informações, entre em contato com o CNVC em 5600-A San Francisco Road NE, Albuquerque, NM 87109; telefone: 505-244-4041; fax: 505-247-0414; e-mail: cnvc@cnvc.org; site: cnvc.org.

UM CONVITE

O que falta nesta transcrição é a experiência de compartilhar tempo e espaço com Marshall Rosenberg ou com um dos treinadores certificados do CNVC. O poder, a cordialidade e a urgência da mensagem da CNV são ampliados quando se está pessoalmente numa sessão de treinamento. A relação com o público ao vivo dá ao processo de aprendizagem uma dimensão que é difícil igualar no papel. Se gostaria de ver Marshall ou outro treinador do CNVC pessoalmente, visite cnvc.org e consulte o cronograma de treinamentos e palestras sobre a CNV, além de uma lista dos treinadores e pessoal de apoio da CNV no mundo inteiro.

Veja a listagem de materiais sobre CNV – gravações, CDs, livros e mais – em cnvc.org. Encontre informações adicionais sobre livros e publicações sobre CNV em NonviolentCommunication.com.

Sobre o autor

Marshall B. Rosenberg, Ph.D., é fundador e diretor de serviços educacionais do Center for Nonviolent Communication (CNVC), entidade internacional de promoção da paz. É autor do best-seller *Comunicação não violenta: técnicas para aprimorar relacionamentos pessoais*. Marshall se orgulha de ter recebido em 2006 o Prêmio Ponte da Paz da Global Village Foundation e o Prêmio de Expressão da Luz de Deus na Sociedade da Association of Unity Churches International.

Criado num bairro violento de Detroit, Marshall desenvolveu agudo interesse por novas formas de comunicação que oferecessem alternativas pacíficas à violência que enfrentou. Seu interesse o levou ao doutorado em psicologia clínica, em 1961, na Universidade de Wisconsin, onde estudou com Carl Rogers. Sua experiência de vida subsequente e o estudo de religião comparada o motivaram a desenvolver o processo da CNV.

Marshall usou o processo da CNV pela primeira vez em projetos de integração escolar financiados pelo governo federal americano na década de 1960 para oferecer mediação e treinamento em habilidades de comunicação. Em 1984, fundou o CNVC, hoje com mais de 200 treinadores certificados em CNV em 35 países do mundo.

PRÊMIOS

2006: Prêmio Ponte da Paz da Global Village Foundation

2006: Prêmio de Expressão da Luz de Deus na Sociedade da Association of Unity Churches International

2004: Prêmio Religious Science International Golden Works

2004: Prêmio Homem da Paz do Dia Internacional de Oração pela Paz da Healthy, Happy Holy Organization (3HO)

2002: Prêmio Princesa Anne da Inglaterra de Valorização da Justiça Restaurativa

2000: Prêmio Ouvinte do Ano da International Listening Association

Com violão e fantoches na mão, um histórico de viagens para alguns dos cantos mais violentos do mundo e uma energia espiritual que enche a sala, Marshall nos mostra como criar um mundo mais pacífico e satisfatório. Atualmente, ele mora em Albuquerque, no Novo México.

CONHEÇA ALGUNS DESTAQUES DE NOSSO CATÁLOGO

- Augusto Cury: Você é insubstituível (2,8 milhões de livros vendidos), Nunca desista de seus sonhos (2,7 milhões de livros vendidos) e O médico da emoção

- Dale Carnegie: Como fazer amigos e influenciar pessoas (16 milhões de livros vendidos) e Como evitar preocupações e começar a viver

- Brené Brown: A coragem de ser imperfeito – Como aceitar a própria vulnerabilidade e vencer a vergonha (600 mil livros vendidos)

- T. Harv Eker: Os segredos da mente milionária (2 milhões de livros vendidos)

- Gustavo Cerbasi: Casais inteligentes enriquecem juntos (1,2 milhão de livros vendidos) e Como organizar sua vida financeira

- Greg McKeown: Essencialismo – A disciplinada busca por menos (400 mil livros vendidos) e Sem esforço – Torne mais fácil o que é mais importante

- Haemin Sunim: As coisas que você só vê quando desacelera (450 mil livros vendidos) e Amor pelas coisas imperfeitas

- Ana Claudia Quintana Arantes: A morte é um dia que vale.a pena viver (400 mil livros vendidos) e Pra vida toda valer a pena viver

- Ichiro Kishimi e Fumitake Koga: A coragem de não agradar – Como se libertar da opinião dos outros (200 mil livros vendidos)

- Simon Sinek: Comece pelo porquê (200 mil livros vendidos) e O jogo infinito

- Robert B. Cialdini: As armas da persuasão (350 mil livros vendidos)

- Eckhart Tolle: O poder do agora (1,2 milhão de livros vendidos)

- Edith Eva Eger: A bailarina de Auschwitz (600 mil livros vendidos)

- Cristina Núñez Pereira e Rafael R. Valcárcel: Emocionário – Um guia lúdico para lidar com as emoções (800 mil livros vendidos)

- Nizan Guanaes e Arthur Guerra: Você aguenta ser feliz? – Como cuidar da saúde mental e física para ter qualidade de vida

- Suhas Kshirsagar: Mude seus horários, mude sua vida – Como usar o relógio biológico para perder peso, reduzir o estresse e ter mais saúde e energia

sextante.com.br